21 चैप्टर्स ऑफ़ लाइफ़

कर दिखाओ कुछ ऐसा

युवान बुक्स

अनबाउंड स्क्रिप्ट का उपक्रम

कर दिखाओ कुछ ऐसा : आर जे कार्तिक

प्रथम संस्करण : जनवरी, 2025

छठा संस्करण : अगस्त, 2026

ISBN : 978-93-48497-49-9

प्रकाशक अनबाउंड स्क्रिप्ट
2/41, अंसारी रोड,
दरियागंज, दिल्ली-110002

वेबसाइट : **www.unboundscript.com**
ई-मेल : **books@unboundscript.com**
फोन नं. : **011-35807601**

मुद्रक : यश प्रिंटोग्राफिक्स, नोएडा, उत्तर प्रदेश

KAR DIKHAO KUCHH AISA
Written *by* RJ Kartik

मूल्य : ₹ 299/-

21 चैप्टर्स ऑफ़ लाइफ़

कर दिखाओ कुछ ऐसा

आर जे कार्तिक

युवान बुक्स

पूज्य दादी माँ,

पापा जी, मम्मी जी,

जीवनसंगिनी अश्विनी,

प्रिय यथार्थ और मेरे परिवार के लिए।

अनुक्रम

भूमिका

जब मैंने 1 सितंबर 2010 को अपना पहला रेडियो शो किया, तो मेरे मन में केवल एक ही सपना था - अपनी आवाज़ को दुनिया तक पहुँचाना और अपनी सकारात्मक सोच को सभी के साथ साझा करना। मैं चाहता था कि लोगों को यह बताऊँ कि कैसे एक छोटे-से कस्बे (राजस्थान में भवानीमंडी) का लड़का बड़े शहर (जयपुर) में आकर रेडियो जॉकी बनने का सपना देख सकता है और पूर्ण संकल्प के साथ दुनिया तक अपनी आवाज़ पहुँचा सकता है।

2017 में, माय एफएम के सीईओ श्री हरीश एम. भाटिया ने मुझसे कहा कि रेडियो की कहानियों को वीडियो के माध्यम से सोशल मीडिया पर लेकर जाओ। मैं उनका हृदय से आभार व्यक्त करना चाहता हूँ कि उनके इस आइडिया से उम्मीद की आवाज़ बनकर मुझे विश्व भर के लोगों तक पहुँचने का अवसर मिला।

जब मेरी छोटी-छोटी कहानियाँ आप तक पहुँचीं और आपने उन्हें भरपूर स्नेह दिया, तो लगा कि सकारात्मकता बाँटने के इस कार्य में ईश्वर ने मुझे माध्यम के रूप में चुना है। जब आपके स्नेह भरे संदेश मुझे ईमेल और सोशल मीडिया पर मिलते हैं, तो मुझे महसूस होता है कि मैंने जीवन में सबसे अनमोल कमाई कर ली है। आपका स्नेह और आशीर्वाद मेरे जीवन का सबसे बड़ा हासिल है।

मैं अपने आप को मोटिवेशनल स्पीकर कहलवाना पसंद नहीं करता, क्योंकि मेरा मानना है कि असली प्रेरणा तो हर व्यक्ति के भीतर पहले से ही मौजूद होती है। बस ज़रूरत होती है आपको आपकी ही शक्तियाँ याद दिलाने की। बतौर लेखक, यह किताब मेरा वही प्रयास है - आपको आपकी शक्ति से मिलवाने और यह भरोसा दिलाने का कि आप बहुत जल्द ऐसा कुछ कर दिखायेंगे, जिसे देखकर दुनिया आपकी तरह बनना चाहेगी।

इस किताब में मेरे छोटे-से जीवन के अनुभवों के साथ-साथ ऐसी कहानियाँ शामिल हैं, जो मैंने अपने बड़ों से सुनीं और उन्हें अपने जीवन का सार बना लिया। इस किताब का पहला अध्याय आपको चौंका सकता है, क्योंकि यह वही अध्याय है जिसे सामान्यतः अंत में होना चाहिए था। लेकिन यही इस किताब की ख़ासियत है - यह अंत से जीवन तक की अद्भुत यात्रा को दर्शाती है। इस किताब में जीवन की यात्रा को मैंने 21 चैप्टर्स के माध्यम से आप तक पहुँचाने का प्रयास किया है। ये 21 अध्याय हम सभी के जीवन में आते हैं, अगर हम हर चैप्टर को समझ जाएं तो ज़िंदगी के तोहफ़े का सच में आनंद ले पायेंगे। कृपया इस किताब में लिखे हर शब्द की ऊर्जा को महसूस कीजिएगा। मुझे पूरी उम्मीद है कि आपका स्नेह और आशीर्वाद, हमेशा की तरह, मेरे इस लेखक बनने के सफ़र में भी बना रहेगा।

सकारात्मकता की मेरी इस यात्रा में मुझे प्रेरित करने वाले विश्व प्रसिद्ध लेखक श्री शिव खेड़ा को मैं दिल से धन्यवाद देना चाहता हूँ, जिन्होंने अपनी किताबों और संदेशों के माध्यम से हम सभी को प्रेरणा दी है। साथ ही, सुपर 30 के संस्थापक श्री आनंद कुमार का भी मैं हृदय से आभार व्यक्त करना चाहता हूँ, जिनकी जीवन यात्रा और विद्यार्थियों के प्रति अडिग समर्पण हम सभी के लिए एक प्रेरणास्रोत है।

मेरी पहली किताब आप तक पहुँची है, इसके लिए मैं अनबाउंड स्क्रिप्ट के सीईओ श्री अलिंद महेश्वरी और संपादक श्री आशीष मिश्र का आभार व्यक्त करता हूँ, जिन्होंने इस किताब को आप तक पहुँचाने में हर कदम पर मेरा साथ दिया।

और हाँ, जैसा कि मैं दिल से मानता हूँ, इस किताब के लिखने में भी तीन तत्वों ने मेरा साथ दिया है- मेरे गुरुदेव परमहंस स्वामी श्री अड़गड़ानंद जी महाराज की कृपा, मेरे परिवारजनों का स्नेह, आशीर्वाद और मेरी मेहनत। क्यूंकि किसी ने बड़े कमाल की बात कही है कि जीवन में सफलता का केवल एक ही शॉर्टकट है, और वह है- हार्ड वर्क।

आपके स्नेह और आशीर्वाद की प्रतीक्षा में,
आपका अपना **आर जे कार्तिक**

1
मृत्यु

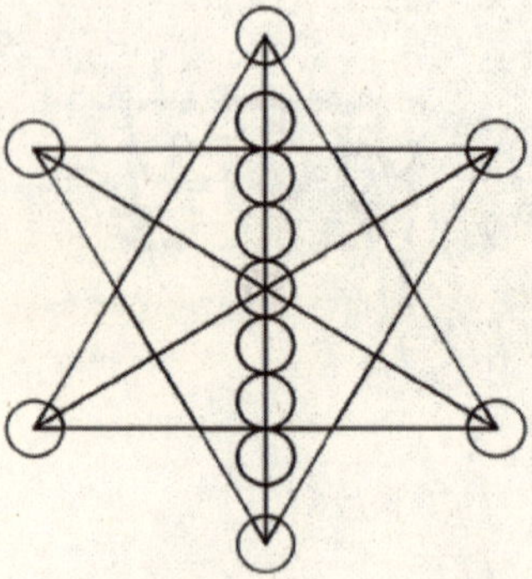

बदन मेरा मिट्टी का,
साँसें मेरी उधार हैं,
घमण्ड करूँ तो किस बात का
हम सब तो किरायेदार हैं

एक विद्वान ने बताया कि इस दुनिया का सबसे बड़ा डर है अपनों को खोने का डर। सब जिससे डरते हैं वो है मृत्यु। जिसका नाम लेने पर भी लोग कहते हैं ये मत कहो, लेकिन यही एक चीज़ है जो सबको समान बना देती है कोई कितना भी कुछ जीवन में हासिल कर ले मृत्यु के सामने सब शून्य हो जाता है।

अगर आपके ज़ेहन में प्रश्न उठा है कि ये पहला चैप्टर क्यूँ है तो याद रखिए *अंतः अस्ति प्रारंभ* यानी अंत ही प्रारंभ है। यानी ये समझना ज़रूरी है कि जीवन में सब कुछ ख़त्म हो जाए तो दोबारा शुरू हो सकता है।

अगर आपसे पूछा जाए कि मृत्यु के बाद पुनः जीवन मिले तो आप कैसे जीना चाहेंगे ?

शायद आप कहेंगे कि मैं बहुत कुछ बदल देना चाहता हूँ, तो बस ये सोचिए कि इसी पल से आपका नया जन्म हुआ है। इस किताब के बाक़ी के चैप्टर बस उसी पुनर्जन्म के बारे में हैं, अगर आपको दोबारा मौक़ा मिला तो आप जीवन कैसे जियेंगे बस यही बताने के लिए बाक़ी के 20 चैप्टर पीछे हैं और मृत्यु शुरुआत में।

आपने कभी सोचा है कि मृत्यु का डर नहीं होता तो दुनिया कितनी बदल जाती, दुनिया में बुरे विचार वाले असुरों की ताक़त और बढ़ जाती, दुनिया में इंसान पशु बन जाता। ये तो मृत्यु ने हमारे अंदर एक भय पैदा किया कि तुम इतने बड़े भी नहीं हो जितना ख़ुद को मान बैठे हो और इसी भय ने इंसान को इंसान बने रहने के लिए मजबूर किया है।

राजकुमार सिद्धार्थ गौतम जो हिमालय की तलहटी के ठीक नीचे एक राज्य में पैदा हुए थे, उनके पिता शाक्य वंश के राजा थे और कहा जाता है कि

उनके जन्म के बारह वर्ष पहले ही ब्राह्मणों ने भविष्यवाणी की थी कि वह या तो एक बहुत बड़े सम्राट बनेंगे या एक महान ऋषि। उन्हें ऋषि बनने से रोकने के लिए उनके पिता ने उन्हें महल की चारदीवारी में ही रखा, सिद्धार्थ गौतम राजसी विलासिता में ही रहे, बाहरी दुनिया से एकदम दूर, उन्हें महल में ही गुरुजनों ने ज्ञान दिया और महल के अंदर ही उन्हें युद्ध कौशल में पारंगत किया गया। जब वे बड़े हुए तो उनका विवाह हुआ और वे एक पुत्र के पिता भी बने, लेकिन महल के अंदर ही जीवन बिता लेने के बाद भी एक दिन वो घटना घटी जिसका घटना लिखा था। जब वो एक दिन महल से बाहर घूमने निकले तो उन्हें तीन लोग मिले एक बीमार आदमी, एक वृद्ध आदमी, और एक लाश जिसे श्मशान में ले जाया जा रहा था। जब उनके सारथी ने उन्हें बताया कि सभी प्राणी बीमारी, बुढ़ापा और मृत्यु के अधीन हैं, तो वह बेचैन हो गये। जैसे ही वह महल में लौटे, उन्होंने एक सन्यासी को शांति से सड़क पर चलते हुए देखा, तब उन्होंने पीड़ा की समस्या के उत्तर की तलाश में महल छोड़ने का संकल्प लिया। एक रात अपनी पत्नी और बच्चे को बिना जगाये, चुपचाप विदा लेने के बाद वो नगर से निकलकर जंगल के किनारे चले गये। वहाँ, उन्होंने अपनी ही तलवार से अपने लंबे बाल काट लिए और एक तपस्वी जैसे साधारण कपड़े पहन लिए। इसके बाद सिद्धार्थ गौतम ने तय की सिद्धार्थ से बुद्ध हो जाने की यात्रा।

किसी ने बड़े कमाल की बात कही है कि-

आँखें बंद होने से पहले ही खुल जाएं तो वही आँखों का खुल जाना है।

जिसने ये समझ लिया कि ये जो बीत रहा है ये हाथ से फ़िसलती रेत-सा है, जो जा रहा है।

हमारे एक दूर के रिश्तेदार जन्मदिन पर केक तो काटते लेकिन मोमबत्ती नहीं बुझाते, उनका मानना था कि मैं ख़ुद कैसे मान लूँ कि मैं अपने जीवन

के इतने साल खो चुका हूँ। मोमबत्ती बुझाने पर तो ऐसा लगता है कि बहुत जल्द मृत्यु के नज़दीक जा रहा हूँ। उनकी ये बात कभी न कभी कई लोगों के मन में आती होगी। जन्मदिन पर जश्न मनाने के बाद बिस्तर पर जाकर सोते समय कई बार लगता होगा कि ये क्या? ये तो एक साल और कम हो गया। ये जो बीत रहा है बस ये अच्छे से बीत जाए, जीवन के हर क्षण में आनंद मिल जाए यही जीवन को जीना होगा। लेकिन हम हर क्षण एक ग़लतफ़हमी में जी रहे हैं कि मैं ही हूँ, मैं ही जीवन हूँ मेरे ही भरोसे मेरे अपने जी रहे हैं। एक गाँव में रहने वाले एक टीचर को यही भ्रम हो गया था कि मेरी ही वजह से मेरे घर वाले जी पा रहे हैं, पेशे से टीचर थे इसलिए ख़ुद को भी बार-बार अंदर तक जान लेते थे। जब लगने लगा कि ये भ्रम तो अहम में बदल रहा है तो गये अपने गाँव के बाहर बने एक आश्रम में जहाँ एक जाने माने संत रहते थे। उनसे कहा कि गुरुजी मुझे लगता है मेरे घर वाले मेरे भरोसे हैं मैं न रहूँ तो न जाने उनका क्या हो। वो आश्रम जंगल के पास ही था, गुरुजी को एक विचार सूझा और उन्होंने कहा तुम दो साल के लिए गाँव से दूर चले जाओ दो साल बाद आना और ख़ुद देख लेना तुम्हारे बिना घर वालों का क्या हाल है? टीचर ने पूछा महाराज आप मेरे घर वालों से क्या कहोगे? संत महात्मा ने कहा वही कहूँगा जो मुझे कहना चाहिए कि तुम्हारी मृत्यु हो गयी मेरी आँखों के सामने शेर तुम्हें ले गया और मैं उसे नहीं रोक पाया।

टीचर ने सारी बात समझी और उसी पल उस गाँव से दो साल के लिए दूर चला गया उन महात्मा जी ने टीचर के घर वालों को बताया कि शेर खा गया और मैं चाहकर भी उसे नहीं बचा पाया। टीचर के घर वाले रोये, काफ़ी दिन उदास रहे लेकिन फिर सब ठीक होने लगा। टीचर का एक बेटा जो बड़ा हो गया था उसे गाँव के सेठ ने अपने यहाँ नौकरी पर रख लिया और बेटी की उम्र शादी की हो गयी थी सारे गाँव वालों ने पैसा इकठा करके उसकी शादी धूम धाम से करवा दी।

दो साल बाद टीचर जब अपने घर वापस आया तो देखा कि घर के अंदर से हँसने की आवाज़ आ रही है, अंदर सब ख़ुश हैं। देखा तो परिवार बढ़ चुका था बेटी और उसका पति घर आये हुए थे और उनका एक नन्हा मेहमान भी था। टीचर बिना देरी के घर में गये सारे घर वाले एक बार तो डर गये लेकिन जाकर इन्होंने सबसे माफ़ी माँगी और कहा कि मुझे लगा था कि मेरी वजह से तुम सब लोग ख़ुश हो लेकिन दो साल तुमसे दूर रहकर आज लौटकर जाना है कि इस संसार को चलाने वाला कोई और ही है जो मुझसे, तुमसे, हम सबसे शक्तिशाली है। बस हम इंसानों को कई बार लगता है मैं न रहूँ तो क्या हो ?

हम रहें या न रहें ये दुनिया अनंतकाल से चलती आयी है और चलती रहेगी। जो चले गये उन्हें भी तो यही लगा था कि हमारी वजह से सब कुछ हो रहा है। ये मृत्यु का भय ही है जो इंसान को अपनी जड़ों से जोड़े रखता है ये मृत्यु ही है जो हमें अंदर से बांधे रखती है, हमारे संस्कारों से जोड़े रखती है। रामचरित मानस में गोस्वामी तुलसीदास जी ने लिखा है जब प्रभु श्रीराम समुद्र देव से रास्ता माँग रहे थे और नहीं मिला तब उन्होंने धनुष संधान किया और तब लक्ष्मण जी से कहा, "भय बिनु होई न प्रीति"।

लेकिन सिर्फ़ भय में ही नहीं रहना है मृत्यु से डरना नहीं बल्कि उसे जानना ज़रूरी है। आप कितनी भी कोशिश कर लें मृत्यु तो आकर ही रहेगी तो इससे डरकर भला रोज़-रोज़ क्यों मरना? हम इंसानों की यह फ़ितरत होती है कि हम अक्सर ही सुंदरता की ओर आकर्षित होते हैं, भले ही उस सुंदरता के पीछे कितना ही ग़लत छुपा हो। जैसे जीवन भले ही झूठ और अन्याय पर चला हो लेकिन बाहर से ख़ूबसूरत दिखाई देता है पर मृत्यु जो कि दुनिया की सबसे बड़ी सच्च्वाई है, उसे कभी ख़ूबसूरती का दर्ज़ा नहीं मिला।

जीवन की तीन प्रमुख घटनाएँ हैं- जन्म, जीवन और मृत्यु। जन्म पर हर्ष-उल्लास है, जीवन में संघर्ष है और मृत्यु के नाम पर भय।

एक घटना मुझे याद आती है जो एक अस्पताल में घटी, डॉक्टर से बच्चे के जन्म की न्यूज़ सुनते ही संदीप हॉस्पिटल से बाहर दौड़ा। उत्साह इतना था कि लिफ़्ट की जगह सीढ़ियों से ही भागता जा रहा था। गेट पर एक अजनबी से टकराते-टकराते बचा और कार में बैठकर सीधा मिठाई शॉप पर गया। शॉप से संदीप बहुत सारे काजू कतली के पैकेट लेकर वापस हॉस्पिटल आया और गेट पर ही गार्ड साहब को मिठाई खिलाकर मुँह मीठा कराने की शुरुआत कर दी। वहीं पास में ही वो उदास और गंभीर आदमी खड़ा था जिससे जाते वक़्त टकराते-टकराते संदीप बचा था। संदीप ने उसे भी मिठाई ऑफर की उसने पहले न में सिर हिलाया लेकिन संदीप के ये कहने पर कि अरे 12 साल बाद बाप बना हूँ ख़ुशी का मौक़ा है न मत कहो यार, उसने मिठाई ले ली और उदास-सी मुस्कराहट के साथ कहा- बधाई। फिर वो अजनबी वहाँ से सीधा अंदर हॉस्पिटल में चला गया। संदीप को उसका व्यवहार बड़ा अजीब लगा उसने गार्ड साहब से पूछा क्या हुआ इनका कोई अपना ज़्यादा सीरियस है क्या। गार्ड साहब ने कहा अरे सीरियस नहीं इनके पिता की अभी कुछ देर पहले डेथ हो गयी है। घर पर कॉल कर दिया है वहाँ से भी लोग आ रहे हैं ये बस उन्हीं के इंतज़ार में यहाँ गेट पर खड़े थे। संदीप को काटो तो ख़ून नहीं था उसकी सारी ख़ुशी ग़ायब हो गयी। वो चुपचाप वहाँ से अपने वार्ड की ओर जाने लगा जहाँ उसकी पत्नी और नन्हा मेहमान उसका इंतज़ार कर रहे थे। संदीप सोचता हुआ जा रहा था कि एक मैं हूँ जो 12 साल बाद पिता बना हूँ और एक वो है जिसने अपने पिता को ही आज खो दिया।

अस्पताल भी कैसी अजीब जगह है ना! कोई बहुत ख़ुश दिखता है और कोई बहुत दुःखी। बस ये जीवन भी ऐसा ही है सब यहीं घट रहा है आप जिस दौर में है आपके लिए जीवन वैसे ही हो जाता है, उल्लास से भरा या ग़म में डूबा हुआ। लेकिन यही सृष्टि का नियम है जीवन चलते ही जाता है कोई आ रहा है कोई जा रहा है लेकिन यहाँ कुछ रुक नहीं रहा है कुछ थम नहीं रहा है।

जब तक हम मृत्यु के नाम पर डरते रहेंगे तब हम अपनी ज़िंदगी को ठीक से जी नहीं पायेंगे। मृत्यु के डर से कुछ भी आसान नहीं हो जाएगा बल्कि यह डर आपकी ज़िंदगी को और भी मुश्किल बनायेगा। **सही मायने में देखा जाए तो मृत्यु है इसीलिए जीवन का, जीवन में किए गये अच्छे कर्मों का अस्तित्व है।**

हमारी कामना केवल स्वस्थ शरीर और सार्थक जीवन की होनी चाहिए। जीवन की सार्थकता के लिए हमें लगातार कोशिश करनी होगी। मुझे पूरा यक़ीन है कि सच्चे भाव से कोशिश की जाएगी तो ईश्वर और प्रकृति का साथ भी हमें मिलेगा। मृत्यु का डर सिर्फ़ इसलिए है क्योंकि हम उसे जानते नहीं हैं। जिस दिन हमने मृत्यु को समझ लिया उस दिन हम उससे डरेंगे नहीं बल्कि ज़िंदगी को जीने लग जाएंगे। गीता में लिखा है कि "मनुष्य के जीवन की अटल सच्चाई मृत्यु है।" यह सच्चाई जानते हुए भी वो इससे भयभीत रहता है। उसका यह भय उसकी वर्तमान ख़ुशियों को भी ख़राब कर देता है। आज हमें भगवद गीता के सिद्धांतों को जीवन में अपनाने की आवश्यकता है। मृत्यु के समय तो गीता इसलिए सुनी जाती है कि मरने से पहले व्यक्ति को पता चल जाए कि उसने जीवन भर जो किया है क्या वह गीता के अनुकूल था? जैसे-जैसे उसे लगता है कि हाँ! उसके जीवन का बड़ा भाग गीता के अनुसार था तो उसे मरने में कष्ट नहीं होता। इसीलिए भगवद गीता को जीवन के अंतिम समय के लिए संभालकर न रखें। गीता पूजने से ज़्यादा पढ़ने, समझने और अमल में लाने का विषय है।

किसी ने बड़े कमाल की बात कही है कि-

बदन मेरा मिट्टी का, साँसें मेरी उधार हैं,
घमण्ड करूँ किस बात का हम किरायेदार हैं।

प्रभु ने जब मानव रूप में अवतार लिया तो एक समय बाद उन्हें भी जाना पड़ा। यानी जब ईश्वर ने संसार के इस नियम का पालन किया तो फिर आप और हम क्या हैं। गीता सार में भगवान श्रीकृष्ण ने कहा है कि हर इंसान को जन्म-मरण के चक्र को जान लेना बेहद आवश्यक है, क्योंकि मनुष्य के जीवन का मात्र एक ही सत्य है और वह है- मृत्यु। गीता का उपदेश है कि हर व्यक्ति को कर्म में विश्वास करना चाहिए, क्योंकि ये जगत ही कर्म लोक है- **"कर्मानुबन्धीनि मनुष्यलोके"**

कर्म आपके हाथ में है, परिणाम नहीं, इसलिए कर्म पर ध्यान लगायें। जब मृत्यु सच्चाई है तो फिर दुनिया में बुराई क्यों ढूँढना, जब मौत आनी है तो किसी के भी प्रति ग़लत भावना क्यों रखना। **शायद हम मृत्यु को समझ जाएंगे तो अहम से और सारे वहम से ऊपर उठ जाएंगे।** ईर्ष्या, नकारात्मकता जैसी ग़लत आदतों से भी हम दूर हो जाएंगे। यक़ीन मानिए मृत्यु के सच को जानना ही जीवन में उन्नति करना है।

आसान भाषा में समझें तो मृत्यु का अर्थ है- अंत। अगर मृत्यु न हो तो जीवन भार बन जाएगा, यह संसार काँटों की तरह चुभने लगेगा। सही मायने में व्यक्ति में जीने की जो चाह है, वह मृत्यु के अप्रत्यक्ष कारण से ही है। सोचिए, यदि मृत्यु का कोई अस्तित्व नहीं होता तो दुनिया की स्थिति आज क्या होती। अगर मनुष्य को मृत्यु नहीं आती तो वो अमर हो जाता। और जिसे अमरता मिल जाती वो दुनिया में न जाने कितने ग़लत रास्तों को चुन लेता। सही रूप में मृत्यु ही हमें त्याग और मानवता का पाठ पढ़ाती है। इसलिए मृत्यु के सच को स्वीकार करें और अपने जीवन में आगे बढ़ते रहें। लेकिन जीवन में आगे कैसे बढ़ना है बस यही बताने का प्रयास आगे के 20 चैप्टर्स में है।

2

आरंभ

अपनी क़ाबिलियत को
पहचान कर आरंभ तो करो,
फिर देखना
ताने मारने वाले भी
ताली बजायेंगे

दादी का घर बस यही नाम है, मेरे आरंभ का। वो आंगन जहाँ मैंने चलना सीखा जहाँ गिरना सीखा उस आंगन को कभी भूल नहीं सकता। उन कहानियों को नहीं भुला सकता जिनसे मैंने जीवन जीना सीखा है, ये सब उस आरंभ की ही तो देन है।

एक बड़ी कंपनी के सीईओ से मैंने पूछा था कि आप जब संकट में फँस जाते हैं तो क्या करते हैं? उन्होंने कहा- कि बस बचपन में चला जाता हूँ मैंने कहा मतलब? बोले बस बचपन में जो सीखा था जिसे बेसिक कहते हैं। बस उसे याद करता हूँ,बड़ी-बड़ी समस्याओं के समाधान बड़े आसान होते हैं। बस हम अपनी जड़ों से कट जाते हैं और हर छोटी मुसीबत को बड़ा बना लेते हैं।

ज़रूरी है जड़ों को याद रखना

बहुत ज़रूरी होता है अपनी उस जड़ को याद रखना जिससे आपकी ज़िंदगी जुड़ी है। मुझे याद है जब दिल्ली में एक कार्यक्रम में मेरा महान अभिनेता-पंकज त्रिपाठी जी से मिलना हुआ तो मैंने उन्हें उनकी कही हुई बात याद दिलायी कि किसे पता था कि जब हम तैरना सीख जाएंगे तो नदी से दूर हो जाएंगे। उस कार्यक्रम में बिहार के जलदाय मंत्री महोदय भी आए थे पंकज त्रिपाठी जी ने कहा बिल्कुल ये बात तो है ही कि जीवन का भरोसा नहीं होता कब क्या हो जाए लेकिन नदी से याद आया मैंने अभी माननीय मंत्री जी को याद दिलाया है कि जिस नदी में हमने तैरना सीखा उसका बहाव थोड़ा कम हुआ है थोड़ा-सा ध्यान देने की आवश्यकता है।

ये बात बोलकर पंकज जी आगे बढ़ गये दूसरी बात पर, लेकिन मेरे दिमाग़ में इस बात ने घर बना लिया। ये बात ध्यान दीजिएगा कि वो अभिनेता

जो मुंबई में रहते हैं। इतने सफल हो गये हैं, दुनिया में नाम है, अपनी फिल्मों में व्यस्त रहते होंगे, उन्हें अपने गाँव की उस नदी के बहाव की भी चिंता है जिसमें बरसों पहले उन्होंने तैरना सीखा था और उस नदी से वो दूर चले गये जब उन्होंने तैरना सीख लिया।

जीवन की सबसे बड़ी सीख देते हैं पंकज त्रिपाठी जी कि अपने गाँव की मिट्टी को न भूलो दुनिया में आप चाहे जहाँ चले जाओ अपने घोंसले को न भूलो।

देखे हैं मैंने वो लोग भी जो अपने गाँव का नाम बताने में कतराते हैं, देखे हैं मैंने वो लोग भी जो अपने गाँव जाने की अब अपनी तौहीन समझने लगते हैं। उन्हें लगता है वो भी एक दौर था उसे तो पीछे छोड़ दिया है। मेरा मानना है कि जब भी अहंकार हावी होने लगे देख आनी चाहिए अपनी वो पुरानी गलियाँ, वो पुराने चौराहे जहाँ की चाय वाली दुकान पर बैठकर नौकरी के सपने देखते थे।

अपनी जड़ों की ओर वापस जाते रहिए विनम्र बने रहिए

बेहतरीन एक्टर आयुष्मान खुराना का एक ट्वीट मुझे जीवन भर याद रहेगा कि आसमान में उड़ने वाले पक्षी को भी मालूम होता है कि ऊपर बैठने की जगह नहीं होती।

अपने आरंभ को हमेशा याद रखें

बात उन दिनों की है, जब मैंने कार चलाना सीखना शुरू किया था। जब मुझे लगा कि मैं कार चलाना अच्छे से सीख गया हूँ तो मैंने कार के इंस्ट्रक्टर से पूछा कि क्या मुझे परफेक्ट ड्राइविंग आ गई है, तो उन्होंने कहा कि ये तो किसी को भी नहीं आती क्योंकि हर दिन सड़क पर नया चैलेंज होता है। उस वक़्त मैं अपने कार इंस्ट्रक्टर की बात को समझ नहीं पाया था तो मैंने कहा

थोड़ा समझाइए। उन्होंने कहा कि हमारी सड़कों पर कौन, कब, कहाँ से कैसे आएगा किसी को पता नहीं होता है। मुझे उनकी बात सही लगी। उन्होंने आगे कहा कि बस अपनी शुरुआत को कभी मत भूलना, कभी एक्सीडेंट नहीं होगा। मेरे चेहरे पर क्वेश्चन मार्क देखकर उन्होंने कहा कि बस यही शुरुआत जो मैंने आपको सिखायी है। जैसे- आँखें जमाकर रखें, ब्रेक पर ध्यान रहे, स्पीड कंट्रोल में रखें और पूरा ध्यान सड़क पर रहे। यदि अपने आरंभ को ध्यान में रखेंगे तो आप हमेशा ठीक रहेंगे। मैंने अब तक एक लाख किलोमीटर के आस-पास कार चलायी है और आज भी मुझे उनकी कही बात याद आती है कि क्या-ध्यान रखना है। मैंने सीखा कि **यदि हम अपने आरंभ को नहीं भूलेंगे तो कभी भी मुश्किलें हमें घेर नहीं पाएगी।** दुनिया में ऐसे बहुत से लोग हैं, जिन्हें सफलता हासिल तो हो जाती है लेकिन वे उस सफलता की इमारत पर बहुत समय तक टिके नहीं रह पाते हैं। उनके गिरने का सबसे बड़ा कारण है अपने आरंभ को भूल जाना। जिसे आरंभ याद है वह अपनी सफलता को तमाम उम्र संभाले रखता है।

अपनी कहानी से शुरुआत

मैं अपने जीवन की यात्रा को अगर शुरुआत से समझाऊँ तो मैं एक मिडिल क्लास फैमिली से आता हूँ। लेकिन सौभाग्यशाली हूँ कि मेरे घर में मुझे वह संस्कार मिले जो एक बच्चे को मिलने चाहिए। बड़ों का सम्मान, प्रभु का आशीर्वाद, अनुशासन और हर वह संस्कार जो इंसान को बेहतर से बेहतरीन इंसान बनने में मदद करें। मुझे अच्छे से याद है कि मैं बचपन से ही बहुत सपने देखता आ रहा हूँ। जैसे जब मैं अपने होमटाउन भवानी मंडी के स्कूल में पढ़ रहा था तो मेरे पापा ने सपना दिखाया- जवाहर नवोदय विद्यालय, पचपहाड़ में जाकर पढ़ने का। नवोदय विद्यालय में प्रवेश के लिए एक एग्जाम होती थी और उसे क्लियर करने पर ही वहाँ प्रवेश मिलता था। क्लास 6th में मेरा चयन नहीं हुआ तो 8th के बाद एक मौका और आया। खाली हुई सीट्स के

लिए वहाँ फिर से टेस्ट होना था। मैं जो सपना पीछे छोड़ आया था वह फिर से मेरी आँखों के सामने था। मैने एँट्रेंस टेस्ट दिया और वहाँ मेरा चयन हो गया। देश के प्रतिष्ठित स्कूल में एडमिशन होने की मुझे बहुत ख़ुशी थी लेकिन साथ ही डर भी था कि बोर्डिंग स्कूल में जीवन कैसा होगा, परिवार के साथ हमेशा रहने वाला मैं वहाँ कैसे जी पाऊंगा। मुझे याद है जब मुझे पापा स्कूल में छोड़कर वापस जा रहे थे तो मेरी आँखों में आँसू थे। मैं काफी देर रोया फिर ख़ुद को समझाया कि ये तो शुरुआत है उन बड़े-बड़े सपनों को पूरा करने की जो मैं देखता आया हूँ। नवोदय के बोर्डिंग में जब रहने लगा तो समझ आया, असल जीवन क्या है। घर के लाड़-प्यार में दुनिया के पैंतरे समझ नहीं आते वहाँ रहकर जीवन तो सीख ही रहा था लेकिन साथ में हौसला पस्त भी होता जा रहा था क्योंकि मैंने हिंदी मीडियम में 8th में 93% हासिल किए थे और यहाँ सब कुछ इंग्लिश में था, जिसे समझ पाना बड़ा मुश्किल था। जो बच्चा शुरू से अब तक आगे से टॉप करता आ रहा था वो अब लिस्ट में नीचे से टॉप करने लगा। घर से दूर रहने की मायूसी बढ़ने लगी थी, तब मुझे मिले बजरंग भैया। मानो प्रभु ने अपने बजरंग जी को भेज दिया हो। ये वो भैया थे जो मेरे पहले मोटिवेशनल गुरु बने। इनके रूम में मोटिवेशनल कोट्स लिखे होते थे और इनसे बात करने के बाद मेरे जीवन में पॉजिटिविटी बढ़ने लगी। बजरंग भैया ने मुझे बताया कि जीवन में उन्होंने भी बहुत संघर्ष देखा है। उन्होंने अपने परिवार की कहानी सुनाई अपने दुख बताये और कहा कि यहाँ पढ़कर मैं अपने जीवन को बदलना चाहता हूँ। उनकी कहानी, उनके दुख, उनके संघर्ष सुनकर लगा मेरा ग़म कितना कम है। उन्होंने मुझे छोटी-छोटी बारीक़ी सिखाई जिसने मेरे हिंदी मीडियम से इंग्लिश मीडियम के स्विच को आसान बनाया। बहुत मेहनत के बाद मैं 9th में 63% ला पाया। 10th में मैंने और मेहनत की और 80% तक अपना स्कोर पहुँचा दिया। एक बात मुझे इस जगह समझ आयी थी कि सक्सेस किसी को भी मिल सकती है बस उसका एक ही शॉर्टकट है और वो है हार्डवर्क।

किसी ने बड़े कमाल की बात कही है कि-

लक्ष्य पाने के लिए किया गया आरंभ,
आधे लक्ष्य को पा लेने के समान होता है।

इस विचार के साथ शुरुआत करेंगे तो हर लक्ष्य आपके लिए संभव हो जाएगा। आरंभ को लेकर एक विचार यह है कि किसी भी लक्ष्य को हासिल करने के लिए आरंभ करना बहुत ज़रूरी है... और दूसरा विचार यह कि जब लक्ष्य हासिल हो जाए तो अपने आरंभ के समय को, उस समय की परिस्थितियों को हमेशा ध्यान में रखें ताकि आप अपनी ज़मीन से जुड़े रह सकें। इस बात का हमेशा ध्यान रखना है कि **आरंभ ही वह पहली सीढ़ी थी जिसपर चढ़कर आप सफलता के शिखर पर पहुँचे हैं।**

वाक़ई में आरंभ है- प्रचंड

सबसे पहले अपना लक्ष्य निर्धारित करें, लक्ष्य हासिल करने के लिए तैयारी आरंभ करें, निरंतरता बरक़रार रखें और जब लक्ष्य हासिल हो जाए तो अपने आरंभ को कभी न भूलें। क्योंकि आपका आरंभ आपको ज़मीन से जोड़े रखेगा, वह आपको गिरने या डगमगाने नहीं देगा।

आरंभ का प्रचंड होना बहुत आवश्यक है। मुझे एक कहानी याद आती है। दो दोस्तों की, जो अलग-अलग गाँव से आकर एक शहर में प्रतियोगी परीक्षा की तैयारी कर रहे थे। दोनों पास भी हो गये और अलग ज़िलों में कलेक्टर बन गये। समय के साथ कुछ ऐसा हुआ कि दोनों का ही सरकारी नौकरी से मोह भंग हुआ और कॉरपोरेट वर्ल्ड में जाने के लिए तैयार हो गये। कमाल ये रहा कि एक दोस्त ने अपनी ख़ुद की कंपनी शुरू की और दूसरे ने अलग-अलग कंपनियों में नौकरी तलाशना शुरू किया। धीरे-धीरे जिसने कंपनी बनायी थी, उसकी कंपनी बहुत बड़ी कंपनी बन गई और दूसरा वाला नौकरियाँ बदलता ही रहा। एक दिन उसने अपने दोस्त की फोटो के साथ उसकी कंपनी का विज्ञापन देखा और उसे लगा इससे बढ़िया जगह क्या होगी

नौकरी करने के लिए। वो अपने पुराने दोस्त के पास आया और नौकरी के लिए बात की।

जो कंपनी का मालिक था, उसने भी अपने दोस्त को निराश नहीं किया और अच्छी सैलरी पर बड़े पद पर जॉब दे दी। दोनों पुराने दोस्त थे इसलिए दोस्ती लंबे ब्रेक के बाद ही सही वापस पुराने रंग में आ गई।

एक शाम दोनों पार्टी के बाद घर लौट रहे थे कार में। जो दोस्त नौकरी कर रहा था उसने अपने मालिक दोस्त से कहा कि हम दोनों की शुरुआत एक जैसी थी गाँव के रहने वाले लड़के शहर आकर तैयारी करने लगे नौकरी भी साथ ही मिली सरकारी नौकरी से प्राइवेट में भी एक ही समय पर लगभग शिफ्ट हुए, लेकिन तब भी मैं नौकर और तुम मालिक कैसे ?

जो मालिक दोस्त था उसने कहा याद करो जब हम दोनों एक ही कमरे में रहते थे और सरकारी परीक्षा की तैयारी कर रहे थे तो पैदल कोचिंग के लिए जाते थे एक दिन हम आधे रास्ते पहुँच गये थे तो मुझे याद आया कि हम कमरे का पंखा बंद करना भूल गये हैं। मैंने कहा था चलो वापस चलते हैं पंखा बंद करके आते हैं तुमने कहा था अरे जाने दो मकान मालिक का कमरा उसी का पंखा उसी की बिजली इतना क्या सोचना। तुम सीधे कोचिंग चले गये लेकिन मैं वापस कमरे पर गया और पंखा बंद करके ही वापस आया। मेरी सोच उस दिन भी मालिक की ही थी और आज भी वही है। चीज़ों को अपना समझना शुरू करो हर छोटी चीज़ का ख्याल रखो तो जीवन आसान हो जाएगा। आरंभ में ही जब चीज़ें सही हों तो तभी परिणाम सही आता है। **जड़ मज़बूत हो तभी वृक्ष महान बनता है।**

आरंभ क्यों है महत्त्वपूर्ण?

दुनिया की सारी सफल कहानियों में एक बात कॉमन होती है और वह है 'आरंभ'। जब तक किसी कहानी का आरंभ नहीं होगा तब तक आप उसके अंत के बारे में सोच भी नहीं सकते। सचिन तेंदुलकर आज दुनिया के महान

खिलाड़ी है लेकिन यदि उन्होंने 83 के वर्ल्ड कप की जीत पर ऐसे ही बड़े होकर वर्ल्ड कप जीतने का सपना नहीं देखा होता तो 2011 का वर्ल्ड कप नहीं जीता होता। उन्होंने अपने बचपन में क्रिकेट खेलने की शुरुआत न की होती तो क्या वे आज इस मुकाम तक पहुँच पाते? जवाब है- बिल्कुल भी नहीं। क्योंकि शुरुआत के बगैर आगे बढ़ना संभव है ही नहीं। आप जो भी सपना देखते ,हैं उसे पूरा करने के लिए वो पहला नन्हा कदम तो रखना ही होगा।

रह जाता है तो बस आरंभ न करने का अफ़सोस

आज हमें सैकड़ों ऐसे लोग मिल जाते हैं, जिनके पास अफ़सोस की एक लंबी लिस्ट होती है। अधिकतर तो यही कहते हैं कि उस वक़्त मैंने शुरुआत की होती तो आज मैं एक बड़े मुकाम पर होता या उस वक़्त मैंने अपने लक्ष्य के लिए पहला कदम बढ़ा दिया होता तो मुझे मंज़िल मिल गई होती। कई बार अतीत में लिए गये फैसलों से आप परेशान हो सकते है लेकिन वर्तमान में नयी शुरुआत करके आप अपने भविष्य को और बेहतर भी बना सकते हैं। यह ज़रूरी नहीं की किसी कार्य का आरंभ आपको सफलता दिलायेगा ही लेकिन वह आपको कई नये अनुभव देगा इसलिए शुरुआत करना ज़रूरी है। शुरुआत करना यह दर्शाता है कि आपमें अपने लक्ष्य को हासिल करने का जुनून और जज़्बा है। मुख्य बात यह है कि अंत तक पहुँचने का रास्ता आरंभ से होकर ही गुज़रता है।

लोग 'आरंभ' क्यों नहीं कर पाते हैं?

ऐसा नहीं है कि लोग जानते ही नहीं कि सफलता के लिए उन्हें क्या करना हैं... वे जानते भी हैं और मानते भी हैं कि जब तक आरंभ नहीं किया जाएगा तब तक आगे बढ़ा ही नहीं जा सकता। लेकिन फिर भी बहुत-सी बातें हैं, जिनके कारण लोग शुरुआत ही नहीं कर पाते।

1. लक्ष्य का न होना
2. आत्मविश्वास की कमी
3. नकारात्मक सोच
4. हमेशा कमियाँ देखते रह जाना
5. सबसे बड़ा कारण है- आलस्य

अगर आप भी इन्हीं में से किसी कारण की वजह से आरंभ नहीं कर पा रहे हैं तो बस ये 5 तरीके आपके बड़े काम के हो सकते हैं -

1. सही से पहचानें कि आप चाहते क्या हैं
2. सक्सेस के बारे में अपनी सोच बदलें
3. अपने संस्कारों को अपनी नींव बना लें
4. कंफर्ट ज़ोन से बाहर निकलें
5. ऐसे लोगों के साथ रहना शुरू करें, जो आपको प्रेरित करते हैं

3

एकलव्य

कई बार अकेले होना और
अकेले रोना इंसान को बहुत
मज़बूत बना देता है

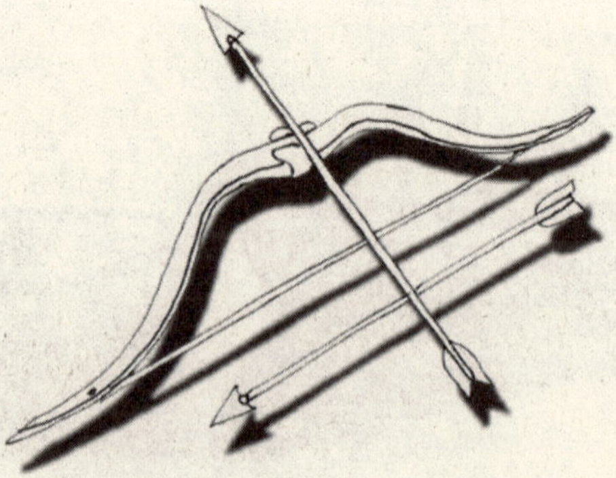

हिरण्यधनु का पुत्र एकलव्य, बचपन से ही धनुर्विद्या सीखने की तीव्र इच्छा रखता था। उसकी आँखों में बस एक ही सपना था- गुरु द्रोणाचार्य के सानिध्य में श्रेष्ठ धनुर्धर बनने का। एकलव्य को मालूम था कि द्रोणाचार्य केवल राजकुमारों को ही शिक्षा देते हैं, लेकिन उसके मन में यह दृढ़ विश्वास था कि अगर प्रयास किया जाए तो कोई भी असंभव कार्य संभव हो सकता है।

गंगा किनारे बसे जंगलों में जब एकलव्य ने गुरु द्रोण से शिक्षा माँगने का साहस दिखाया, तब उन्होंने एकलव्य को नकार दिया। द्रोणाचार्य जानते थे कि एकलव्य को शिक्षा देना उनके प्रिय शिष्य अर्जुन के लिए ख़तरा बन सकता है। एकलव्य को ठुकराया गया लेकिन उसने हार नहीं मानी।

एकलव्य ने गुरु द्रोण की एक मूर्ति बनाई और उसे ही अपना गुरु मान लिया। हर दिन सूरज उगने से लेकर सूरज डूबने तक, वह जंगल में धनुर्विद्या का अभ्यास करता रहा। हर तिनका, हर पत्ता उसकी परीक्षा का हिस्सा बन गया। उसका समर्पण और तपस्या असाधारण थी।

जंगल की शांति और प्रकृति उसके अभ्यास का साक्षी बन रही थी। उसके बाणों की सटीकता और उसका कौशल धीरे-धीरे बढ़ते गये। एकलव्य ने न केवल स्वयं को शिक्षित किया बल्कि अपनी सीमाओं को भी पार कर लिया।

कुछ समय बाद, एक दिन पाण्डव और कौरव राजकुमार गुरु द्रोण के साथ शिकार के लिए निकले। जंगल की यात्रा के दौरान उनका कुत्ता भटकते हुए एकलव्य के आश्रम में जा पहुँचा। कुत्ता लगातार भौंक रहा था, जिससे एकलव्य के अभ्यास में बाधा आ रही थी।

एकलव्य ने अपने कौशल का प्रदर्शन करते हुए कुछ ही क्षणों में बाणों से कुत्ते का मुँह इस तरह बंद कर दिया कि उसे चोट भी नहीं लगी और वह शांत भी हो गया।

जब वह कुत्ता गुरु द्रोण और राजकुमारों के पास वापस लौटा, तो उसका यह अनोखा रूप देखकर सभी हैरान रह गये। द्रोणाचार्य को यह समझते देर न लगी कि यह किसी अत्यंत कुशल धनुर्धर की कारीगरी है।

बाण चलाने वाले की खोज में वे एकलव्य के पास पहुँचे। एकलव्य ने अपने गुरु को देख ख़ुशी से उनका स्वागत किया। द्रोणाचार्य को जब एकलव्य की तपस्या और सीखने की लगन का पता चला, तो वे भीतर ही भीतर चिंतित हो गये। उन्हें लगा कि अगर एकलव्य इसी तरह प्रगति करता रहा तो वह अर्जुन से भी श्रेष्ठ धनुर्धर बन जाएगा।

द्रोणाचार्य ने एकलव्य की तपस्या का परिणाम देख लिया था। अब उन्होंने एकलव्य से गुरु दक्षिणा माँगने का निर्णय लिया। एकलव्य कुछ भी देने के लिए तैयार था, लेकिन गुरु ने जो माँगा, वह सुनकर सभी स्तब्ध रह गये। द्रोणाचार्य ने एकलव्य से उसका अंगूठा माँगा।

एकलव्य ने बिना किसी हिचकिचाहट के अपना अंगूठा काटकर गुरु को समर्पित कर दिया। यह त्याग केवल गुरु भक्ति का उदाहरण नहीं था, बल्कि यह उसके अटूट विश्वास और समर्पण की पराकाष्ठा थी।

एकलव्य ने अंगूठा काटने के बावजूद धनुर्विद्या का अभ्यास नहीं छोड़ा। वह अंगूठे के बिना भी धनुर्विद्या में निपुण हो गया। समय के साथ वह निषाद जनजाति का राजा बना और अपने पिता की विरासत को आगे बढ़ाया।

उसने एक शक्तिशाली सेना बनायी और अपने राज्य का विस्तार किया। उसकी वीरता और कौशल की चर्चा दूर-दूर तक होने लगी।

एकलव्य की कथा केवल एक योद्धा की गाथा नहीं है; यह त्याग, समर्पण और संघर्ष का ऐसा उदाहरण है, जो युगों-युगों तक प्रेरणा देता रहेगा।

एकलव्य की कहानी हमें यह सिखाती है कि सच्ची भक्ति और समर्पण कभी व्यर्थ नहीं जाते। चाहे परिस्थितियाँ कितनी भी कठिन क्यों न हों, अगर

मन में सच्ची लगन हो, तो सफलता अवश्य मिलती है। एकलव्य का त्याग, उसकी तपस्या और वीरता सदैव अमर रहेगी।

महाभारत में एकलव्य के बारे में आगे बात नहीं हुई। लेकिन वो किरदार ऐसा था जिसने मुझे प्रभावित किया और मैं महाभारत के अंत में भी उसी किरदार के बारे में सोचता रहा। कमाल की बात है न कि एकलव्य के नाम पर कितने कम लोग अपने बच्चे का नाम रखते हैं। बहुत कम लोग महाभारत का पहला अध्याय याद रख पाये, लेकिन जीवन का सार तो मुझे लगता है उसमें ही छुपा था। अर्जुन को सभी ने याद रखा लेकिन सब भूल गये कि गुरु द्रोणाचार्य का एक और शिष्य था जिसने गुरु के आश्रम में शिक्षा नहीं पायी लेकिन गुरु को ही सब कुछ मानकर ख़ुद सब कुछ सीख लिया।

किसी ने बड़े कमाल की बात कही है कि -

कई बार अकेले होना और अकेले रोना इंसान
को बहुत मज़बूत बना देता है !!

एकलव्य से जाना कि सीखते कैसे हैं

एकलव्य से ही मैंने अपने जीवन में सीखा कि हमेशा कोई सिखाने वाला नहीं आयेगा आपको ख़ुद भी बहुत कुछ सीखना होगा। मैं जब बोर्डिंग स्कूल में गया तो वहाँ अपना काम ख़ुद करना होता था लेकिन मैं बचपन से जॉइंट फैमिली में पला-बढ़ा हूँ, इसलिए मुझे कभी कोई काम ख़ुद करने की आदत ही नहीं थी। जब मेरे सामने वहाँ छोटे-छोटे काम आये जो कि मेरे लिए बहुत बड़े थे, उस सिचुएशन में मैं घबराने लगा था। तब मेरे सीनियर ने आकर समझाया कि बेटा तुम अब बड़े हो गये हो, तुम्हें ये कोई बतायेगा नहीं कि बड़े हो गये हो लेकिन ख़ुद ही बहुत कुछ सीखना होगा और गिरकर फिर खड़े होना होगा।

जब मैंने कॉलेज में रेडियो जॉकी बनने का सपना देखा तो वो भी मेरे लिए एकलव्य जैसा ही काम था। एकलव्य की तरह ही गुरु तो थे लेकिन मेरी पहुँच से काफ़ी दूर थे। सुन-सुनकर सीखना हो या बारीकियाँ समझना हो, मैंने सब किया। जब कभी किसी ऑडिशन में बाहर हो जाता तो वहाँ मिले फीडबैक को अपनी ताक़त बना लेता। कभी सुनने को मिलता कि अंग्रेज़ी सुधारो कभी सुनने को मिलता कि आवाज़ बुलंद करो। मैं हर छोटी बात को सुनता था और सीखता था। छोटे शहर से आने वाले लोग मेरी बात बहुत अच्छे से समझेंगे कि बड़े शहरों में मॉल के एस्केलेटर पर चढ़ना भी कोई सिखाता नहीं, हमें ही एकलव्य बनकर सीखना पड़ता है। मैंने बड़े शहर की लाइफ़स्टाईल को भी एकलव्य बनकर सीखा है।

मेरे अंदर के एकलव्य ने हर बार मुझे आगे बढ़ाया

जब पहली बार मुझे इंटर्नशिप का मौक़ा मिला तब मुझे पता नहीं था कि ऑफ़िस में कैसे बात करनी है। क्योंकि जीवन में यह तो मुझे किसी ने सिखाया ही नहीं था, फिर से मेरे अंदर के एकलव्य ने कहा कि ये भी सीख लेंगे। जब मैंने अपने एफ एम के आर जे को अपने फोन में रिकॉर्ड किए हुए लिंक (गानों के बीच-बीच में रेडियो पर होने वाली बातचीत) सुनाये तो उन्होंने कहा तुमने तो हमारी तरह बोलना सीख लिया। कैसे? मैंने कहा, बस सुन-सुन कर। जब मैं उन्हें रेडियो के उनके शो की बारीकियाँ बताता था तो वो चौंक जाते थे और पूछते थे कि ये तुम्हें किसने बताया? मेरा जवाब होता था मैंने सिर्फ़ आपका ही शो नहीं सुना आपके टाइम पर आने वाले बाक़ी रेडियो शो भी सुने और मैं समझ गया था कि आपके शो में क्या बेहतर हो सकता है।

एकलव्य होने की समस्या

मेरी बातों को जब ऑफ़िस में सुना जाने लगा, मुझसे सुझाव माँगे जाने लगे तो लगा कि मैंने कुछ हासिल कर लिया है, लेकिन एकलव्य बनने में एक

समस्या हमेशा रहती है। आपको ये पता नहीं चलता कि आपने कहाँ ग़लती की है क्योंकि कोई बताने वाला नहीं होता। आपको लगता है कि आप सही तो सीख रहे हैं, आपसे ग़लती हो ही नहीं सकती। आपको बस ये पता नहीं चलता कि चलते-चलते आपने कोई मोड़ ग़लत तो नहीं ले लिया। एकलव्य बनने की यात्रा में मैं उन सभी गुरुओं को भी धन्यवाद करता हूँ, जिन्होंने मुझे संभाला और बताया कि कितनी कमियाँ हैं।

मैंने बहुत जल्दी एकलव्य बनने की यात्रा में अपनी कमियों पर ध्यान देना शुरू किया, काफ़ी समय तक तो इंटर्नशिप में मैं ख़ुश रहता था कि मैंने सिर्फ़ रेडियो सुन-सुनकर ही इतना सीख लिया। लेकिन जल्द मुझे समझ भी आ गया कि सिर्फ़ एकलव्य की तरह अकेले सीखने में बात नहीं बनेगी अपनी कमियों पर भी काम करना होगा।

1 सितंबर 2010

ये तारीख़ मुझे हमेशा याद रहेगी जब मैंने अपना पहला रेडियो शो किया था, शुरुआत में तो मैं भूल ही गया था कि मेरे अंदर एकलव्य है जिसने मुझे यहाँ पहुँचाया। बहुत जल्दी मैं सिर्फ़ आर जे बनने को ही एंजॉय करने लगा, अपनी मस्ती में रहने लगा। ये भूल गया कि रेडियो जॉकी बनने के बाद भी एकलव्य तो बने ही रहना है क्योंकि जितना सीखा है, कितना कम सीखा है। कितना कुछ करना और सीखना अभी बाक़ी है, एक दिन जब हमारे स्टेट हेड, कोटा में हमारी स्टेशन विजिट पर आये तो उन्हें मैं चहकता हुआ मिला। वो समझ गये कि ये बस इसी में ख़ुश हो गया है इसे पता नहीं है कि छूने को अभी आसमान और भी है।

अगले दिन सुबह उन्होंने मेरे शो के बाद मुझे बुलाया और पूरे शो की रिकॉर्डिंग पूरे ऑफ़िस के सामने प्ले करने के लिए कहा। मेरे लिए पहला मौक़ा था जब मेरे शो को सब एक साथ बैठकर सुनने वाले थे। रेडियो पर तो सबने अलग-अलग समय में सुना ही होगा। हालाँकि सुनकर सभी लोगों

ने कहा ही था कि अच्छा बोलते हो लेकिन अच्छा बोलना और बहुत अच्छा बोलने में अंतर था जो मुझे पता नहीं था।

जैसे ही मेरा शो प्ले हुआ बॉस ने सबसे पूछना शुरू किया इसकी कमी बताओ, लोगों ने एक के बाद एक कमी बताना शुरू किया, मैं शुरू में तो अपनी कमी लिखता रहा लेकिन जब डायरी का पहला पेज ही लिखते-लिखते भर गया तो मेरे आँसू उसी पेज पर टपक गये। उस दिन मुझे पता चला कि ऊँचाई पर पहुँच जाना और ऊँचाई पर बने रहना दोनों में बहुत अंतर होता है।

अंदर के एकलव्य ने उस दिन बॉस को दिल से थैंक यू कहा कि आप आज इस तरीक़े से मुझे नहीं समझाते तो शायद मैं कभी नहीं सीख पाता कि मेरे अंदर कितनी कमियाँ हैं।

एकलव्य होने का मतलब

आपने सुना होगा कि जिन्होंने दुनिया में नाम किया उन्हें भी वही 24 घंटे मिले, वही धरती वही आसमान मिला, लेकिन फिर ऐसा उन्होंने ऐसा क्या किया कि उनका नाम हुआ? इसका सीधा-सा जवाब है उन्होंने अपने अंदर के एकलव्य को जगाया। उन्होंने अपने अंदर के एकलव्य को बाहर आने दिया। जो किसी ने नहीं सिखाया वो ख़ुद सीखना शुरू किया। आप जिस भी बड़ी शख्सियत का नाम लेंगे और उनकी लाइफ़ को पढ़ेंगे आपको यही एक कॉमन जवाब मिलेगा कि सभी ने सेल्फ लर्निंग पर फोकस किया। सभी ने अपनी ज़िंदगी में जब अभाव था, कमी थी तब भी सपने बड़े देखे और न सिर्फ़ देखे बल्कि उन्हें पूरा करने के लिए जी भर कोशिश की। वो पत्थर भी तबियत से उछाला, जिसे उछालना किसी ने सिखाया नहीं था।

सेल्फ लर्निंग लाइफ़ में उतनी ही ज़रूरी है जितना किसी स्कूल कॉलेज में जाना। कुछ चीज़ें कोई नहीं सिखाता हम ख़ुद सीख जाते हैं। बच्चा जब बड़ा होने लगता है तो उसे बहुत सारी चीज़ें सिखाई नहीं जातीं वो ख़ुद से, सिर्फ़

दूसरों को देखकर सीखने लगता है। बस समस्या ये है कि जब हम थोड़े बड़े हो जाते हैं तो अपने अंदर के उस एकलव्य को भूलने लगते हैं। एकलव्य होने का मतलब है वो सपने भी देख लेना जो पहुँच से बाहर है, वो जुनून पैदा कर लेना जो आपके सपनों को पूरा करेगा।

मेसी ने भी जगाया अपने अंदर के एकलव्य को

एक मिडिल क्लास परिवार में जन्मे लियोनेल मेसी, आज दुनिया के सबसे बेहतरीन फुटबॉलर माने जाते हैं। लेकिन फ़र्श से अर्श तक पहुँचने का उनका सफ़र आसान तो बिल्कुल भी नहीं था। मेसी ने बहुत कम उम्र में खेलना शुरू कर दिया था। बचपन में उनकी दादी उन्हें बहुत प्रेरित करती थी। पिता ने उन्हें एक फुटबॉल लेकर दे दी थी और वह छोटा बच्चा दिनभर उसी से खेलता रहता था। परिवार की आर्थिक स्थिति अच्छी नहीं थी इसलिए शुरुआत में बग़ैर किसी कोच के मेसी लगातार प्रैक्टिस करते रहे और सीखते रहे। छोटी उम्र में ही मेसी ने अपने अंदर के एकलव्य को जगा लिया था।

10 वर्ष की उम्र में मेसी की दादी का देहाँत हो गया और 11 वर्ष की उम्र में उन्हें ग्रोथ हार्मोन डेफिशियेंसी बीमारी का सामना करना पड़ा। उस समय उन्हें मँहगा इलाज करवाने की आवश्यकता पड़ी। बेहद प्रतिभाशाली खिलाड़ी होने के बावजूद उन्हें, उनके स्थानीय क्लब द्वारा इलाज के लिए कोई सहायता नहीं दी गयी। लेकिन न मेसी ने और न ही उनके पैरेंट्स ने हिम्मत हारी। अपनी बीमारी की चिंता किए बग़ैर वे लगातार फुटबॉल खेलते रहे और आगे बढ़ते रहे। टैलेंट हंट के ज़रिये, फुटबॉल क्लब बार्सिलोना मेसी तक पहुँचा और उन्हें न सिर्फ़ साथ जुड़ने का अवसर दिया बल्कि उनके इलाज का खर्च भी क्लब ने उठाया। बस फिर क्या था? मेसी ने कभी पीछे मुड़कर नहीं देखा। आज वे दुनिया के सबसे अधिक कमाई करने वाले फुटबॉल खिलाड़ियों में से एक हैं। मेसी के सामने, आगे न बढ़ पाने के कई कारण थे लेकिन उन्होंने अपने अंदर के एकलव्य को जगाया और सफलता की राह चुनी।

बड़े काम की है- एकलव्य की सीख

मैंने दुनिया के तमाम बड़े लोगों से यह सीखा है कि जीवन के हर पल में सीखते रहना बहुत ज़रूरी है। हम नहीं जानते कि आज हमने जिस छोटे से काम को सीखा है वह आगे चलकर हमारी कितनी मदद कर सकता है। यह ज़रूरी नहीं कि हर काम सीखने के लिए आपको किसी शिक्षक की ही ज़रूरत पड़े। हो सकता है अभ्यास करके आप स्वयं ही उस कार्य में कुशल हो जाएं। बिना किसी की सहायता लिए एकलव्य ने ख़ुद को अर्जुन से भी श्रेष्ठ धनुर्धर बनाया और हमें सेल्फ लर्निंग का महत्त्व सिखाया। मैंने एकलव्य से जो पाँच बातें सीखी हैं, वो मैं आपके साथ शेयर कर रहा हूँ।

1. **सीखने का सही मतलब**

   ऑनलाइन दुनिया में सीखना कोई बड़ी बात नहीं है। काफ़ी लोग ऑनलाइन वीडियो देखकर काफ़ी कुछ सीखते हैं, जिन लोगों के वीडियो देखे हैं उनसे कभी मिले भी नहीं हैं, लेकिन क्या सिर्फ़ देखकर बात बन जाएगी? आज कल तो आप एक कमाण्ड दीजिये, जीपीटी सब तैयार कर देगा। लेकिन क्या इतना ही काफ़ी है? जवाब है- न। सिर्फ़ किसी चीज़ के बारे में पढ़कर या वीडियो देखकर जानकारी लेना सीखना नहीं हैं, असली सीखना है वो है जब आप ये सब अपने जीवन में लागू करो।

2. **किसी से नहीं ख़ुद से मुक़ाबला रखो**

   क्या आपको पता है कर्ण और एकलव्य में क्या अंतर था? कर्ण को ये साबित करना था कि अर्जुन से बड़ा धनुर्धर हूँ। कर्ण के लिए श्रेष्ठता के इस युद्ध में सामने एक योद्धा था- अर्जुन। लेकिन एकलव्य के लिए ऐसा कुछ था ही नहीं, एकलव्य का लक्ष्य श्रेष्ठ बनना तो था लेकिन स्वयं से। जो बीते कल में सीखा था उससे आगे सीखना और ख़ुद से मुकाबला जारी रखना। हम कई बार बस यही सोचते हैं कि दूसरों से आगे निकलना है और इस चक्कर में कई बार पीछे रह जाते हैं। अपनी बहुत सारी ऊर्जा हम वहाँ खर्च कर चुके होते हैं जहाँ उसकी कोई आवश्यकता नहीं थी।

3. निराशा से दूर रहें

जब एकलव्य गुरु द्रोणाचार्य के पास धनुर्विद्या सीखने गये और गुरु द्रोण ने कहा कि मैं सिर्फ़ राजकुमारों को ही शिक्षा देता हूँ तो निराश होकर हार मानने की बजाय, एकलव्य ने गुरु की मूर्ति बनाकर ख़ुद ही अभ्यास शुरू कर दिया। हमारे जीवन में भी कई ऐसे मौके आते हैं जब हमें असफलता का सामना करना पड़ता है या हमारे मन के अनुसार कोई कार्य नहीं होता है तो हम निराश हो जाते हैं। तब हमें एकलव्य से प्रेरणा लेनी चाहिए और निराश होने की बजाय एक नये रास्ते की खोज करके लक्ष्य प्राप्ति में जुट जाना चाहिए।

4. सेल्फ लर्निंग

हमेशा आपको गुरु द्रोणाचार्य ही सिखायें ऐसा ज़रूरी नहीं। ज़िंदगी में कभी-कभी आपको ही सब कुछ सीखना पड़ता है। स्वयं से सीखने की आर्ट को ही सेल्फ लर्निंग कहते हैं और यह आपको सफलता ज़रूर दिलाती है। जिस तरह एकलव्य अभ्यास कर करके अर्जुन से भी बेहतर धनुर्धर बन गये, उसी तरह आप भी लगतार प्रयास करके अपने लक्ष्य को प्राप्त कर, सफलता हासिल कर सकते हैं।

5. निरंतरता

मेरा मानना है कि सम्पूर्णता के लिए निरंतरता बहुत ज़रूरी है। हम अक्सर अपने लक्ष्य के लिए मेहनत करना तो शुरू कर देते हैं लेकिन निरंतरता नहीं रख पाते हैं। एकलव्य से हमें सीखना होगा होगा कि लक्ष्य हासिल करने के लिए, अपने क्षेत्र में परफ़ेक्ट होने के लिए निरंतरता बहुत ज़रूरी है। हम बार-बार अभ्यास करेंगे, अपने काम में निरंतरता रखेंगे तो सफलता ज़रूर मिलेगी।

4

दृष्टि

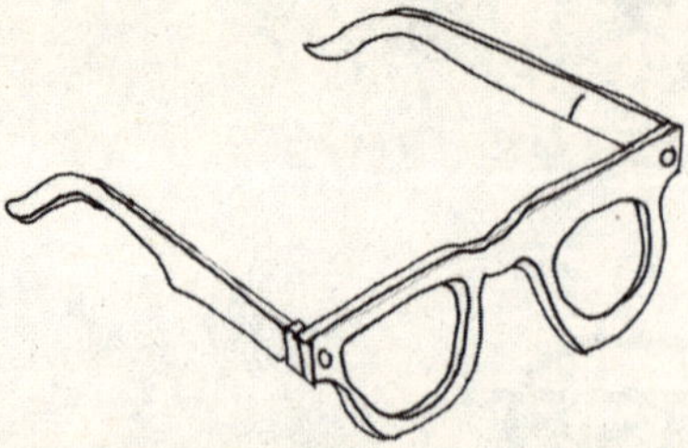

अगर किसी में कमी दिखाई दे
तो उससे बात करें और अगर
हर किसी में कमी दिखाई दे तो
अपने आप से बात करें

एक कथन आपने भी सुना ही होगा कि 'जैसा आप सोचेंगे, वैसे ही आप बन जाएंगे।' पता नहीं आप इस विचार को कितना महत्त्व देते हैं लेकिन मैंने बहुत से सफल लोगों को इस नज़रिए पर चलते हुए देखा है। मैं अपनी लाइफ़ में ऐसे कई लोगों को जानता हूँ जिन्होंने अपना नज़रिया बदलकर अपना नाम बनाया है। याद रखिए कि बड़े से बड़े परिवर्तन भी छोटे प्रयासों से शुरू होते हैं। सही प्रयासों की शुरुआत होगी आपके नज़रिए से, आपकी दृष्टि से।

हमारे स्कूल में एक टीचर थे, जिन्हें सब बच्चे बहुत पसंद करते थे। उनका पढ़ाने का तरीक़ा बहुत ही अच्छा था। एक दिन उन्होंने मुझसे पूछा कि बताओ सबसे तेज़ कौन-सा जानवर दौड़ता है तो मैंने कहा चीता, उन्होंने पूछा कि सबसे लम्बा जानवर कौन-सा है तो मैंने कहा लम्बी गर्दन वाला जिराफ़, फिर उन्होंने पूछा सबसे बड़ा जानवर कौन-सा है तो मैंने कहा हाथी। उनका जो अगला प्रश्न था उसमें पूरा सार छुपा था। फिर उन्होंने पूछा- अच्छा चलो ये बताओ कि जंगल का राजा कौन है? सारे बच्चे एक साथ बोले 'शेर'। उन्होंने कहा- न तो शेर सबसे तेज़ भागता है, न ही वो सबसे लम्बा जानवर है और न ही आकार में सबसे बड़ा जानवर है फिर भी शेर ही क्यों सारे जंगल पर राज करता है? हमारे टीचर ने हमें समझाया कि इसका सिर्फ़ एक ही उत्तर है शेर की दृष्टि। शेर अपने आपको जंगल के राजा के रूप में देखता है, उसका दृष्टिकोण ही है जो उसे पूरे जंगल का राजा बनाता है।

हमारी दृष्टि ही बदलती है, हमारी सृष्टि

हम सभी को बचपन में कितना कुछ सिखाया जाता है, जो कि हम बड़े होने पर धीरे-धीरे भूलने लगते हैं। आजकल की कॉर्पोरेट भाषा में कहूँ तो हमें

रिमाइंडर की ज़रूरत होती है। बस वही रिमाइंडर बनते हैं वो लोग, जो हमारा भला चाहते हैं।

मुझे मीडिया की दुनिया में आये हुए लगभग 14 साल हो गये। मेरे एक बॉस थे उनका नज़रिया दुनिया से अलग था और उन्होंने मुझे एक दिन ऐसा मंत्र दिया जिसने मेरी सोच बदल दी। हमारे ऑफ़िस में कौन क्या कर रहा है इसमें मुझे शुरू में बड़ा मज़ा आता था। किसने कौन-सी कंपनी छोड़ी, कौन किस कंपनी में जाने वाला है। ऐसी बातें मुझे बहुत पसंद आतीं। मेरे दिन का एक तिहाई हिस्सा इन्हीं सब में बीत जाता और मैं सोचता था ऑफ़िस गॉसिपिंग भी तो जीवन का हिस्सा है। यहाँ तक कि हमारे ऑफ़िस में कौन जल्दी चला जाता है कौन लेट आता है ऐसी बातें भी मुझे बहुत पसंद आती थीं। फिर आये हमारे नये बॉस आदित्य अमन जी जिन्होनें मुझसे कहा कि कब तक यही सब सोचते रहोगे। मैंने कहा- मतलब? तो बोले- तुम मुझसे आये दिन कहते हो वो लेट आया वो जल्दी गया उसने इतनी देर ही काम किया। तुम्हें लगता है इन बातों से तुम्हारा कोई फ़ायदा होगा, मैंने कहा नहीं फ़ायदा तो नहीं होगा। उन्होंने कहा कोई जल्दी जाएगा तो मैनेजमेंट जाने, कोई लेट आया तो मैनेजमेंट जाने तुम सिर्फ़ अपना जानो। मैनेजमेंट का काम मैनेजमेंट पर छोड़ दो तुम सबसे पहले अपने आपको मैनेज करना शुरू करो। उन्होंने कहा तुम 8 घंटे की जॉब में क्या पूरे टाइम शिद्दत से काम करते हो? मैंने कहा- नहीं। बोले बस यही चूक जा रहे हो। तुम अपने आपको मैनेज करो बाक़ी दुनिया को मैनेज करने जाओगे तो ख़ुद भी रह जाओगे। उस दिन से मेरा नज़रिया बदल गया, मेरी सोच बदल गयी ऑफ़िस की गॉसिप से दूर होकर मैंने अपने आप पर फोकस करना शुरू किया। दृष्टि में बदलाव सिर्फ़ इतना था कि अगर कोई मुझसे लेट आता या जल्दी जाता दिखता तो मेरा दिल बस यही कहता कोई काम होगा।

हम अपनी दृष्टि को सुधारने में नहीं बल्कि जो दृष्टि है बस उसी से अपने जीवन को बर्बाद करने में लगे होते हैं। मुझे कई बार लगता है कि हमारा हर

एक काम शुरू करने से पहले हमारी दृष्टि उस काम को दिमाग़ में कर चुकी होती है। अगर हमारी दृष्टि, हमारा नज़रिया पॉज़िटिव है तो काम भी उसी शिद्दत से होगा।

नज़रिए पर निर्भर है आपकी दुनिया

आपका दृष्टिकोण ही यह तय करता है कि आप अपना जीवन ख़ुश होकर जीने वाले हैं या दुःखी होकर। सबका देखने का नज़रिया अलग होता है। कोई पानी के ग्लास को आधा ख़ाली देखता है, तो कोई उसी ग्लास को आधा भरा हुआ। हमारे विचार हमारे नज़रिए पर ही निर्भर करते हैं। मेरा अनुभव तो यही कहता है कि एक बेहतर नज़रिए से आप एक अच्छी दुनिया का निर्माण कर सकते हैं।

योग्यता के साथ नज़रिया भी ज़रूरी

कामयाबी के लिए नज़रिया भी उतना ज़रूरी है जितनी कि योग्यता। यदि आप एक योग्य व्यक्ति हैं लेकिन आपका नज़रिया सही नहीं है तो आप सफलता हासिल नहीं कर सकते हैं। मान लीजिये की आप एक टीम के लीडर हैं और आपका दृष्टिकोण अपने टीम मेंबर को लेकर बहुत ही नकारात्मक है तो आप कभी भी उनके साथ मिलकर अपने लक्ष्य को हासिल नही कर पायेंगे क्योंकि आपकी यह भावना उन तक पहुँचेगी और वे अपना काम अच्छे से नहीं कर पायेंगे। एक सही और पॉजिटिव दृष्टिकोण ही आपको जीवन में सफलता तक पहुंचा सकता है।

नज़रिए पर निर्भर हैं आपके विचार

स्वामी विवेकानंद ने कहा है- कि हमारा ख़ुद का मानसिक दृष्टिकोण है, जो उस संसार को बनाता है जो हमारे लिए है। हमारे विचार ही चीज़ों को सुंदर बनाते हैं और विचार ही उन्हें बदसूरत बनाते हैं। सारा संसार हमारे मन में

बसा है। चीज़ों को सही रौशनी में देखना सीखो। कई बार ऐसा होता है जब हम किसी व्यक्ति से मिलते हैं तो सिर्फ़ उसे देखकर ही यह तय कर लेते हैं कि वह अच्छा है या बुरा। ऐसे में हमें अपने नज़रिए को और विस्तार देना चाहिए और उस इंसान के अंदर छुपी ख़ूबियों को तलाशना चाहिए। जब तक आपका ख़ुद का दृष्टिकोण सकारात्मक नहीं होगा आप सामने वाले की अच्छाइयों को नहीं पहचान पायेंगे।

नज़रिए से बदल सकते हैं दुनिया

नज़रिया एक छोटी चीज़ है जो एक बड़ा अंतर पैदा कर देती है। विंस्टन चर्चिल का यह वाक्य एक बहुत गहरी बात समझाता है कि यदि आप अपने मन में यह मान लें कि पूरी दुनिया बुरी है तो आपको कभी कुछ अच्छा नहीं दिखेगा लेकिन अपने नज़रिए को थोड़ा-सा बदल देने से आपको सिर्फ़ यह दुनिया ही नहीं बल्कि जीवन में मिलने वाला हर व्यक्ति और उसकी हर घटना के पीछे का अर्थ समझ आने लगेगा और आप प्रसन्न रह पायेंगे।

चरित्र पर होता है, दृष्टिकोण का असर

अल्बर्ट आइंस्टीन कहते हैं कि दृष्टिकोण की कमज़ोरी, चरित्र की कमज़ोरी बन जाती है। दरअसल आप क्या सोचते हैं, आपका दृष्टिकोण कैसा है इसका असर आपके चरित्र पर भी होता है। जब आप हर किसी में ग़लतियाँ और बुराई ढूँढने लगते हैं तो आप धीरे-धीरे एक नकारात्मक चरित्र का निर्माण करते हैं, लेकिन एक सकारात्मक दृष्टिकोण अपना कर आप ख़ुद को सकारात्मक बना सकते हैं।

अच्छे नज़रिए से दुनिया बनेगी अच्छी

दूसरों के प्रति हमारा नज़रिया हमारे प्रति उनके नज़रिए को निर्धारित करता है- अर्ल नाइटेंगल। जब आप दूसरों के बारे में एक ग़लत धारणा बना लेते हैं

तो वह भी आपके व्यक्तित्व और विचारों को समझकर अपने मन में आपकी वैसी ही छवि बना लेता है। उदाहरण के तौर पर एक व्यक्ति है जो यह सोचता है कि उसके आस-पास मौजूद सब लोग मूर्ख हैं तो अन्य लोग भी उसके बारे में यही सोचने लग जाते हैं। वही दूसरी ओर एक व्यक्ति है जिसे यह लगता है कि वह क़ाबिल लोगों के बीच है तो अन्य लोगों के मन में भी उसके लिए सम्मान रहता है।

दृष्टि का अंतर

जो पॉज़िटिव सोच वाले लोग होते हैं वो जीवन भर सीखने के इच्छुक होते हैं। उन्हें नयी चीज़ें आज़माने में मज़ा आता है और वे रास्ते में ग़लतियाँ भी करने को तैयार रहते हैं। **जब आप नये रास्ते पर चलोगे तो ग़लती भी होगी, रुकावटें भी आएंगी लेकिन अगर आप सही सोच के साथ आगे चलेंगे तो ये भी एक सीख ही होगी।** याद रखना जीवन में हर किसी को कभी न कभी कुछ नया करने की कोशिश करनी ही पड़ती है, लेकिन जो नकारात्मक स्वभाव वाले लोग होते हैं वो जब भी संभव हो इससे बचने का प्रयास करते हैं। नया करना उन्हें बहुत जोखिम भरा लगता है और ऐसे बहाने मारकर वो निकल जाते हैं। ऐसे लोग ऐसी स्थिति में रहना पसंद नहीं करते जो उन्हें असहज करे। इसलिए इस प्रकार के लोग अपने सोचने के तरीक़े को बदलने के लिए आसानी से तैयार नहीं होते।

दृष्टि का प्रभाव

आपका दृष्टिकोण आपकी सेहत, सामाजिक जीवन, कमाने की क्षमता, समस्याओं से लड़ने की क्षमता... आपके पूरे जीवन को बहुत प्रभावित कर सकता है। जब आप सही सोच के साथ बढ़ते हैं तो जीवन की हर समस्या सरल हो जाती है। वो लोग जो हमेशा दृष्टि नहीं सुधारते ग़लत सोच के साथ आगे बढ़ते हैं वो समस्याओं में घिरे ही रह जाते हैं। दूसरों का सुख ही उनके जीवन का सबसे बड़ा दुःख बन जाता है।

आपके घर में भी कोई न कोई एक सदस्य ऐसा ज़रूर होगा जो पूरे घर को पॉज़िटिव रखता है, जो हर बड़े से बड़े संकट में भी घर वालों को उम्मीद की रोशनी दिखाता है। अगर आप एक सकारात्मक दृष्टिकोण रखते हैं तो आपको अपने तनाव के स्तर को कम करने और चुनौतियों का सामना करने, लक्ष्यों की प्राप्त करने और मानसिक और शारीरिक सेहत बनाये रखने में मदद मिलती है। इसलिए, दूसरों के साथ बातचीत, वर्कप्लेस पर बिताये गये समय और मनोरंजन वाले समय में भी सकारात्मक दृष्टिकोण बनाये रखना बहुत ज़रूरी है। हालाँकि ये एक चुनौती भरा काम है लेकिन वो जीवन ही क्या जिसमें चुनौती न हो।

दृष्टि सब आसान कर देती है

एक राजा ने बहुत ही सुंदर महल बनावाया और महल के मुख्य द्वार पर एक "गणित का सूत्र" लिखवाया और एक घोषणा की कि इस सूत्र के हल से यह द्वार खुल जाएगा और जो भी इस "सूत्र" को "हल" करके "द्वार" खोलेगा मैं उसे अपना उत्तराधिकारी घोषित कर दूँगा। राज्य के बड़े-बड़े गणितज्ञ आये और सूत्र देखकर लौट गये, किसी को कुछ समझ नहीं आया। अंतिम दिन आ चुका था। उस दिन 3 लोग आये और कहने लगे हम इस सूत्र को हल कर देंगे। उसमें 2 तो दुसरे राज्य के बड़े गणितज्ञ, अपने साथ बहुत से पुराने गणित के सूत्रों की पुस्तकों सहित आये लेकिन एक व्यक्ति जो "साधक" की तरह नज़र आ रहा था, सीधा-साधा, कुछ भी साथ नहीं लाया था। उसने कहा मैं यहाँ बैठा हूँ पहले इन्हें मौक़ा दिया जाए। दोनों गहराई से सूत्र हल करने में लग गये लेकिन द्वार नहीं खोल पाये और अपनी हार मान ली। अंत में उस साधक को बुलाया गया और कहा कि आपका सूत्र हल करने समय शुरू हो चुका है। साधक ने आँख खोली और सहज मुस्कान के साथ 'द्वार' की ओर गया। साधक ने धीरे से द्वार को धकेला और यह क्या? द्वार खुल गया। राजा ने साधक से पूछा- आपने ऐसा क्या किया? साधक ने बताया जब मैं

'ध्यान' में बैठा तो सबसे पहले अंतर्मन से आवाज़ आयी, कि पहले ये जाँच तो कर ले कि सूत्र है भी या नहीं इसके बाद इसे हल "करने की सोचना" और मैंने वही किया।

ऐसे ही **कई बार ज़िंदगी में कोई "समस्या" होती ही नहीं और हम "विचारों" में उसे बड़ा बना लेते हैं।** समस्या आये, आने दीजिये, बस अपना चित्त शांत रख विचार कीजिए हर समस्या का हल आपको स्वयं ही मिल जाएगा।

सिर्फ़ बुद्धिमान होना ही काफ़ी नहीं

जब सफलता की बात आती है, तो यह सोचना आसान है कि बुद्धिमान लोग हममें से बाक़ी लोगों को पीछे छोड़ देंगे। लेकिन स्टैनफोर्ड यूनिवर्सिटी की रिसर्च आपके सोचने के तरीक़े को बदल देगी। मनोवैज्ञानिक कैरोल ड्वेक ने दृष्टिकोण पर एक अध्ययन किया। जिससे उन्होंने बताया कि **आपका दृष्टिकोण आपके आईक्यू की तुलना में आपकी सफलता का बेहतर भविष्यवक्ता है।** ड्वेक कहती हैं कि लोगों का मूल दृष्टिकोण दो श्रेणियों में से एक में आता है, एक निश्चित मानसिकता और एक विकास मानसिकता। एक निश्चित मानसिकता में आप मानते हैं कि आप वही हैं जो आप हैं और आप बदल नहीं सकते। जब आपको चुनौती दी जाती है तो यह मानसिकता समस्याएँ पैदा करती है क्योंकि जो भी चीज़ आपकी क्षमता से अधिक प्रतीत होती है वह आपको निराश महसूस कराएगी।

वहीं दूसरी तरफ़ विकास की मानसिकता वाले लोगों का मानना है कि वे प्रयास से सुधार कर सकते हैं। वे निश्चित मानसिकता वाले लोगों से बेहतर प्रदर्शन करते हैं, भले ही उनका आईक्यू कम हो, क्योंकि वे चुनौतियों को स्वीकार करते हैं और उन्हें कुछ नया सीखने का अवसर मानते हैं। जीवन में हार को सिर्फ़ एक सूचना ही मानिए कि मैंने जो तरीक़े अपनाए थे वो इस बार काम नहीं आये, इसलिए मैं कुछ और प्रयास करूँगा।

दृष्टि बदलने के 5 आसान तरीक़े -

1. दिन की शुरुआत सही हो

अपने दिन की शुरुआत लक्ष्य के साथ करना जीवन में सकारात्मकता पैदा करने का सबसे शक्तिशाली तरीका है। आप अपने दिन की शुरुआत किसी ऐसे काम से करें जो आपको ख़ुशी, आराम और ऊर्जा दे। योग करें, अच्छी किताब पढ़ें, अपने लिए स्वस्थ नाश्ता बनाना या ऑडियो बुक सुनना, ये सभी आपकी सुबह की शुरुआत करने के ताक़तवर तरीक़े हैं। जब आपकी सुबह शानदार होगी तो आप शांत मानसिकता के साथ काम पर निकलेंगे।

2. सही बातचीत

सकारात्मक भाषा का प्रयोग करने का अभ्यास करें। नियमित आधार पर, अपने बारे में, अपने अनुभवों, अपनी आकांक्षाओं और अपने जीवन के अन्य लोगों का वर्णन करने के लिए सकारात्मक भाषा का उपयोग करने का प्रयास करें। आपकी भाषा सकारात्मक होगी तो आप भी सकारात्मक रहेंगे।

3. गपशप करने से बचें

गपशप करने से उच्च तनाव की स्थिति पैदा होती है। सकारात्मक दृष्टिकोण बनाये रखने के लिए आपको गपशप में शामिल होने से बचना चाहिए। यह न केवल आपको नकारात्मक वातावरण में योगदान करने से रोकेगा, बल्कि यह आपको अपने काम पर अधिक ध्यान केंद्रित करने की क्षमता भी देगा।

4. **दूसरों के प्रति अपनी सराहना दिखायें**

नियमित रूप से, अपने दिन में से उन चीज़ों और लोगों पर विचार करने के लिए समय निकालें जिनके लिए आप आभारी हैं। अपने जीवन में दूसरों के प्रति व्यक्त की जाने वाली सराहना की मात्रा को बढ़ाना आपकी सकारात्मकता को बढ़ाने का एक शानदार तरीका हो सकता है।

5. **ध्यान का अभ्यास करें**

ध्यान का अभ्यास सकारात्मक दृष्टिकोण बनाये रखने की आपकी क्षमता में काफ़ी सुधार करता है। जब आप अपनी जागरूकता को वर्तमान क्षण पर केंद्रित करते हैं, तो आप अपने सामने आने वाली किसी भी चुनौती को अधिक आसानी से स्वीकार कर सकते हैं और जीत हासिल कर सकते हैं।

5

उम्मीद

#किसी ने बड़े कमाल की बात कही है

शाखें रहीं तो फूल भी पत्ते भी आयेंगे,
ये दिन अगर बुरे हैं तो अच्छे भी आयेंगे

एक शाम की बात है जब मैं इस उम्मीद में पापा का इंतज़ार कर रहा था कि पापा आज मुझे नया बैट लाकर देंगे। मुझे ही नहीं हर एक बच्चे को वो एक्साइटमेंट होता था क्योंकि उस वक़्त तक मोबाइल ने अपने पैर पसारे नहीं थे। आज के समय में तो शायद आउटडोर गेम्स के लिए उतनी एक्साइटमेंट बची नहीं है। मैं बहुत उदास हुआ जब पापा ने नया बैट लाने का वादा नहीं निभाया। हालाँकि पापा ने कभी वादे तोड़े नहीं थे और उस शाम उन्होंने ही कहा था कि पक्का नया बैट लाऊँगा लेकिन ऐसा हुआ नहीं। पापा बहुत देर से घर आये और जब आये तो ख़ाली हाथ थे, शाम को मैंने पापा से बात नहीं की, ज़िद थी कि अब तो बैट आयेगा तभी खाना खाऊँगा और पापा से बात भी तभी करूँगा। तब मम्मी ने मुझे समझाया कि आज पापा के ऑफ़िस में बड़े ऑफ़िसर्स का दौरा था, पापा ने तो आज लंच भी नहीं किया। मम्मी की बातें सुनकर मैं रोता हुआ पापा के पास गया और उन्हें सॉरी बोलकर डिनर के लिए मनाया। पापा ने कहा इसमें रोने या उदास होने वाली कौन-सी बात है। तब मैंने कहा पापा आपने उम्मीद तोड़ दी इसलिए मैं उदास हो गया। पापा ने कहा अरे! बस कल शाम का इंतज़ार करना, अगली शाम पापा ऑफ़िस से जल्दी घर आये और मेरे लिए एक शानदार बैट लाये जिसकी मुझे उम्मीद नहीं थी मुझे लगा था नॉर्मल-सा बैट आ जाएगा लेकिन नया बैट उम्मीद से दोगुना था।

जीवन भी ऐसा ही है कई बार हमारी उम्मीदें टूट जाती हैं तो कई बार उम्मीद से दोगुना मिल जाता है। कहते हैं, उम्मीद पर तो दुनिया टिकी है। अगली सुबह होगी ऑफ़िस जाकर प्रोजेक्ट पूरा कर दूँगा उम्मीद ही है, या फिर वो प्यार में डूबे लोग जो सोचते हैं कल फिर उस ख़ूबसूरत चेहरे का दीदार होगा कल तो अपने प्यार का इज़हार कर ही दूँगा ये भी उम्मीद ही तो है।

उम्मीद वह शक्ति है जो हमारे जीवन को गतिशील और सार्थक बनाती है। पूरी दुनिया, हमारा हर कार्य, और हमारी हर सोच किसी न किसी उम्मीद पर आधारित होती है। उम्मीद वह चिंगारी है जो अंधकार में रोशनी का अहसास कराती है।

जब हम किसी काम की शुरुआत करते हैं, तो मन में यह विश्वास होता है कि परिणाम अच्छा होगा। यह विश्वास ही उम्मीद है। यहाँ तक कि साँस लेना भी इस उम्मीद पर आधारित है कि अगला पल हमारे जीवन में कुछ नया लेकर आयेगा। अगली सुबह के लिए लगा अलार्म भी तो उम्मीद ही है। अगर जीवन से उम्मीदें समाप्त हो जाएं तो सबकुछ ठहर जाएगा। मनुष्य के पास जीने का कोई कारण नहीं रहेगा। उम्मीद वह ईंधन है जो हमें कठिन से कठिन समय में भी आगे बढ़ने की प्रेरणा देता है।

'उम्मीद' कहने को तो यह एक छोटा-सा शब्द है लेकिन इसमें ताक़त बहुत है। उम्मीद के होने से ही बड़ी से बड़ी मुश्किलों का समाधान मिल जाता है। वो कहते हैं न कि सब कुछ खोने पर भी यदि आपने उम्मीद नहीं खोई है तो फिर आपने कुछ खोया ही नहीं है। इसलिए जीवन में चाहे कैसी भी परिस्थितियाँ आये, हमें हमेशा अच्छे दिनों की उम्मीद बरकरार रखनी चाहिए। मेरी मम्मी कहती हैं कि बेटा, "जीवन का दूसरा नाम ही 'संघर्ष' है। इसलिए हर पल जीने की, आगे बढ़ने की और हमेशा बेहतर करने की उम्मीद बरकरार रखना।" उनकी बातों को मानकर मैं आज भी हर सुबह कल से बेहतर करने की उम्मीद के साथ जागता हूँ।

ज़रूरी नहीं कि परिस्थितियाँ हमेशा ही हमारे अनुरूप रहें। हमने जिस परिस्थिति के बारे में कभी सोचा ही नहीं होता, कई बार वो हमारे सामने एक चुनौती के रूप में खड़ी दिखाई देती है। उस मुश्किल वक़्त में खड़ा हो पाना आसान नहीं है, ऐसे समय में हमारी उम्मीद ही हमारे काम आती है। **जब हौसला कमज़ोर होने लगे तो ज़रूरत किसी अंधविश्वास की नहीं, बल्कि अपनी उम्मीद को मज़बूत बनाये रखने की होती है।**

शायर बशीर बद्र साहब ने बड़े कमाल की बात कही है-

कोई भी कोशिश नाकाम यूँ जाती नहीं
मंज़िलें ना भी मिलीं तो फासले घट जाएंगे

उम्मीदें कायम रखें

उम्मीद सिर्फ़ दूसरों से ही नहीं बल्कि अपने आपसे रखना भी बहुत ज़रूरी है। ख़ुद से की गयी उम्मीद से आपके निराश होने की संभावना कम हो जाती है क्योंकि उसे पूरा करने के लिए आप जी जान से मेहनत करते हैं और इसी के सहारे आप जीवन में तरक्क़ी हासिल करते हैं। हालाँकि कई बार वह उम्मीद टूट भी जाती है लेकिन आत्मविश्वास के बल पर हम फिर से एक नयी उम्मीद की तलाश करते हैं और उसे पूरा करने में जुट जाते हैं।

1950 के दशक में प्रोफ़ेसर कर्ट रिक्टर ने डूबते चूहों पर एक प्रसिद्ध मनोविज्ञान प्रयोग किया था। जो उदास लोगों को, हारे हुए लोगों को बच्चन साहब की भाषा में कहें तो एक नयी लाइफ़लाइन दे सकता है। इस प्रयोग ने बताया कि जीवन में कठिन से कठिन परिस्थितियों में भी उम्मीद नहीं छोड़नी चाहिए।

डूबने वाले चूहों पर मनोवैज्ञानिक प्रयोग में कर्ट ने चूहों को एक पानी से भरी बाल्टी में छोड़ दिया ताकि ये पता लगाया जा सके कि चूहे पानी में तैरते हुए कितनी देर तक ज़िंदा रहते हैं और क्या प्रयास करते हैं। कर्ट के प्रयोग इस बात पर केंद्रित थे कि चूहों को डूबने से मरने में कितना समय लगता है। उन्होंने चूहों को पानी से भरी बाल्टियों में रखकर अपने प्रयोग किए और देखा कि वे कितने समय तक जीवित रहे।

कर्ट ने एक बाल्टी को पानी से पूरा भर दिया और उसमें एक चूहे को डाल दिया। चूहा उस पानी से भरी बाल्टी में गिरते ही हड़बड़ाने लगा और बाहर निकलने की कोशिश करने लगा। चूहा कुछ मिनटों तक पानी से निकलने का

प्रयास करता रहा और फिर डूब गया। उसके बाद उन्होंने कुछ और चूहों पर यही प्रयोग किया गया और उनमें से कुछ दस मिनट तो कुछ बीस मिनट तक तैरते रहे जब तक डूब नहीं गये।

कुछ समय पश्चात कर्ट ने अपने शोध में कुछ बदलाव किया। उन्होंने पानी से भरी बाल्टी में एक दूसरे चूहे को डाल दिया। वह चूहा बाहर आने के लिए बहुत प्रयास करने लगा लेकिन जैसे ही उस चूहे ने प्रयास करना बंद किया और डूबने लगा। ठीक तभी कर्ट ने उस चूहे को पानी से बाहर निकाल लिया।

कुछ समय तक उस चूहे को पानी से बाहर ही रखा लेकिन थोड़ी देर के बाद उस चूहे को कर्ट ने पुनः उसी पानी की बाल्टी में डाल दिया। पानी से भरे उस जार में दोबारा डाले जाने पर चूहे ने फिर से पानी से बाहर निकलने के लिए अपनी भरपूर कोशिश शुरू कर दी। लेकिन अब दोबारा पानी में डाले जाने के बाद उस चूहे ने हैरान कर दिया।

कर्ट ने तो सोचा था कि अब यह चूहा मुश्किल से कुछ मिनट तक ही कोशिश कर पायेगा। लेकिन हुआ इसके विपरीत।

चूहा जार में 72 घण्टों तक तैरता रहा और अपना जीवन बचाने के लिए संघर्ष करता रहा। यह काफ़ी चकित करने वाला था। पहले जो चूहा मात्र 15-20 मिनट में ही परिस्थितियों के सामने हथियार डाल चुका था दोबारा पानी में डाले जाने पर वही चूहा 72 घण्टे तक तैरता रहा। कर्ट ने इसे होप एक्सपेरिमेंट कहा।

जब उस चूहे को पहली बार पानी में डाला गया था तो वह कुछ ही मिनटों में डूबने की कगार पर पहुँच गया था। उसने आशा छोड़ दी थी। पर जैसे ही उसको ये पता चला कि वह बच सकता है तो दूसरी बार पानी में डाले जाने पर वह लगातार 72 घण्टों तक प्रयास करता रहा। इस उम्मीद में कि वह फिर से बच जाएगा, जिस हाथ ने उसे पानी में फेंका था वही उसे बाहर निकालेगा।

ज़िंदगी में हर दिन नयी चुनौतियाँ आएंगी और हर चुनौती हमें कुछ न कुछ सिखाकर ही जाएगी। बस ज़रूरत है तो दोनों बाहें फैलाकर उनका सामना करने की।

एक बार एक व्यक्ति ने स्वामी विवेकानंद जी से पूछा कि सब कुछ खोने से बुरा क्या है? तो उन्होंने जवाब दिया कि- 'वो उम्मीद खोना जिसके भरोसे हम सब कुछ पा सकते हैं।' स्वामी जी की इस बात में बहुत गहरा और सकारात्मक संदेश छुपा है कि भले ही आपका सब कुछ खो जाए लेकिन अपनी उम्मीद कभी मत खोइये। किसी ने सही कहा है कि **आपके आने वाले कल और बीते हुए कल के बीच सिर्फ़ उम्मीद ही होती है जो आपको जीने के लिए और आगे बढ़ने के लिए प्रेरित करती हैं।**

उम्मीद मतलब ऑल इज़ वेल

उम्मीद, एक ऐसा शब्द है जो जीवन की कठिनतम परिस्थितियों में भी आशा की किरण लेकर आता है। यह वह भावना है जो हमें बताती है कि चाहे आज कितना भी अंधेरा हो, कल का सूरज नयी रोशनी लेकर आयेगा। इसी उम्मीद का अर्थ है - "ऑल इज़ वेल"।

जब हम कहते हैं "ऑल इज़ वेल", इसका मतलब यह नहीं है कि जीवन में कोई समस्या नहीं है। बल्कि इसका मतलब यह है कि हम हर चुनौती का सामना करने के लिए तैयार हैं और हमें विश्वास है कि अंततः सबकुछ ठीक हो जाएगा। यह सोचने का तरीका हमें डर और चिंता से मुक्त करता है और जीवन को सकारात्मक दृष्टिकोण से देखने में मदद करता है।

हालाँकि, उम्मीद के साथ धैर्य और प्रयास भी ज़रूरी हैं। सिर्फ़ यह सोचना कि "ऑल इज़ वेल" कहने भर से सब ठीक हो जाएगा, काफ़ी नहीं है। इसके साथ-साथ हमें अपनी कोशिशों को जारी रखना होगा। जब उम्मीद और प्रयास का मेल होता है, तभी असंभव भी संभव बन जाता है।

इसलिए, जीवन के हर मोड़ पर, चाहे परिस्थितियाँ कितनी भी कठिन क्यों न हों, हमें उम्मीद का दामन कभी नहीं छोड़ना चाहिए। जब हम कहते हैं "उम्मीद मतलब ऑल इज़ वेल", तो हम अपने भीतर और अपने आस-पास सकारात्मकता और आत्मविश्वास का संचार करते हैं। यही सोच हमें जीवन के हर क्षेत्र में आगे बढ़ने और सफलता पाने में मदद करती है।

उम्मीद वह जादुई शक्ति है जो हमें गिरने के बाद उठने का साहस देती है। यह हमें यह याद दिलाती है कि हर अंत एक नयी शुरुआत का संकेत है। इसलिए, अपने दिल में उम्मीद को ज़िंदा रखें और जीवन को "ऑल इज़ वेल" की भावना के साथ जियें।

किसी ने बड़े कमाल की बात कही है कि-

शाखें रहीं तो फूल भी पत्ते भी आएंगे
ये दिन अगर बुरे हैं तो अच्छे भी आएंगे

रेगिस्तान में भटकते हुए एक आदमी की हालत बेहद ख़राब हो चुकी थी। खाने-पीने का सारा सामान ख़त्म हो चुका था और पिछले दो दिनों से उसने पानी की एक बूँद भी नहीं पी थी। उसकी हालत इतनी ख़राब थी कि उसे यक़ीन हो चला था कि मौत अब ज़्यादा दूर नहीं। पर कहीं न कहीं, उसके दिल में यह भरोसा भी था कि ईश्वर उसे बचा लेगा।

चलते-चलते उसकी नज़र एक झोपड़ी पर पड़ी। वह सोच में पड़ गया- क्या यह सच है, या फिर मृगतृष्णा? इससे पहले भी उसे भ्रम हो चुका था। लेकिन यह उसकी आख़िरी उम्मीद थी। वह झोपड़ी की ओर बढ़ने लगा, अपनी बची हुई ताक़त को समेटते हुए। जब वह क़रीब पहुँचा, तो देखा कि झोपड़ी सचमुच वहाँ थी। लेकिन अंदर का दृश्य निराशाजनक था- झोपड़ी सुनसान और वीरान पड़ी थी।

फिर भी, उसने हिम्मत नहीं छोड़ी और अंदर कदम रखा। वहाँ एक हैंड पंप लगा हुआ था। उसे देखकर उसकी उम्मीद फिर जाग उठी। बिना समय

गवाँये वह पंप चलाने लगा। लेकिन पंप सूखा पड़ा था। पानी की एक बूँद भी नहीं निकली। थक-हारकर वह वहीं बैठ गया।

तभी उसकी नज़र झोपड़ी की छत पर लटकी एक बोतल पर पड़ी। किसी तरह उसने बोतल उतारी। वह तुरंत उसे खोलकर पीने ही वाला था कि उसकी नज़र बोतल पर चिपके एक कागज़ पर पड़ी। कागज़ पर लिखा था:

“इस पानी का इस्तेमाल पंप को चालू करने के लिए करें। और कृपया इसे दोबारा भरकर रख दें।”

वह असमंजस में पड़ गया। पानी पीने की उसकी चाहत और पंप को चलाने की ज़िम्मेदारी के बीच संघर्ष शुरू हो गया। अगर उसने सारा पानी पंप में डाल दिया और पंप नहीं चला, तो वह मर जाएगा। लेकिन अगर पंप चल गया, तो शायद उसे भरपूर पानी मिल जाए। काफ़ी सोच-विचार के बाद उसने हिम्मत जुटाई। उसने बोतल खोली और कांपते हाथों से पानी पंप में डाल दिया। फिर भगवान का नाम लेकर पंप चलाने लगा। एक बार, दो बार, तीसरी बार और अचानक पंप से ठंडा, मीठा पानी निकलने लगा। उसकी ख़ुशी का ठिकाना नहीं रहा। उसने जितना पानी चाहिए था, पिया। फिर बोतल को दोबारा पानी से भरकर उसकी जगह पर टाँग दिया। वहाँ से जाने लगा कुछ दूर जाते ही उसे एक ख़्याल आया वह दौड़ कर वापस आया और उसने उस कागज़ पर एक और पंक्ति लिख दी, “मेरा यक़ीन कीजिए- यह सच में काम करता है।”

मैंने बचपन में कई लोगों को अपने मित्रों, परिचितों से उनके मुश्किल वक़्त में यह कहते हुए सुना था कि सब ठीक हो जाएगा। सब ठीक होता था या नहीं ये तो पता नहीं पर उम्मीद के इन चार शब्दों से उन्हें राहत ज़रूर मिल जाती थी। ये शब्द उन्हें आगे बढ़ने का हौसला देते थे। ये चार शब्द आज भी दुनिया को हौसला देते हुए आगे बढ़ा रहे हैं। सही रूप में ये चार शब्द उम्मीद के सबसे बड़े शब्द है। दुनिया में वैसे तो उम्मीद बनाये हुए लोगों की

कमी नहीं है फिर भी उम्मीद के सारथी हर जगह होने चाहिए। ताकि वे थामे रखें हर एक को, आगे बढ़ने को लगातार प्रेरित करें और सभी की उम्मीदें ज़िंदा रहें। इसलिए, यह कहा जा सकता है कि उम्मीद केवल जीवन की एक भावना नहीं, बल्कि जीवन का आधार है। हमें अपनी उम्मीदों को कभी टूटने नहीं देना चाहिए, क्योंकि यही वह ताक़त है जो हर अंधकार में रोशनी का रास्ता दिखाती है।

फ़ैज़ अहमद फ़ैज़ साहब ने बड़े कमाल की बात कही-

दिल ना-उमीद तो नहीं नाकाम ही तो है
लम्बी है ग़म की शाम मगर शाम ही तो है

दूसरों से उम्मीदें दुःख देती हैं

हमारे जीवन में अधिकांश दुःख और निराशा की जड़ है- दूसरों से की गयी उम्मीदें। यह एक ऐसा पहलू है जिसे हम अक्सर नज़रअंदाज़ कर देते हैं, लेकिन जीवन में शांति और संतोष पाने के लिए इसे समझना बेहद ज़रूरी है। मनुष्य एक सामाजिक प्राणी है। हम अपने रिश्तों और संबंधों में एक-दूसरे पर निर्भर रहते हैं। ऐसे में, यह स्वाभाविक है कि हम दूसरों से उम्मीदें रखेंगे। यह उम्मीदें छोटी-छोटी हो सकती हैं, जैसे किसी से समय पर मिलने की आशा करना, या बड़ी- जैसे किसी से जीवन की समस्याओं का समाधान पाने की अपेक्षा। लेकिन जब ये अपेक्षाएँ पूरी नहीं होतीं, तो वे निराशा और दुःख का कारण बनती हैं।

जब हम दूसरों से उम्मीदें करते हैं, तो अक्सर यह भूल जाते हैं कि हर व्यक्ति के पास अपनी सीमाएँ और प्राथमिकताएँ होती हैं। हम उन्हें अपने नज़रिए से देखते हैं और उनसे वैसे ही व्यवहार करने की अपेक्षा करते हैं, जैसा हम सोचते हैं। जब ऐसा नहीं होता, तो हमें लगता है कि उन्होंने हमारी भावनाओं की क़द्र नहीं की।

हम अक्सर दूसरों से अपनी इच्छाओं के अनुसार प्रतिक्रिया की उम्मीद करते हैं। लेकिन वास्तविकता में, दूसरे व्यक्ति की सोच और परिस्थितियाँ हमारी कल्पना से अलग हो सकती हैं।

कैसे कम करें दूसरों से उम्मीदें?

1. **स्वयं पर ध्यान केंद्रित करें**

   अपने जीवन को बेहतर बनाने के लिए स्वयं पर ध्यान दें। अपनी ख़ुशियों और ज़रूरतों के लिए दूसरों पर निर्भर होने की बजाय, ख़ुद को उन चीज़ों का स्रोत बनायें।

2. **स्वीकृति का अभ्यास करें**

   हर व्यक्ति अलग है। उनके व्यवहार, सोच और प्राथमिकताओं को स्वीकार करें। यह समझें कि हर कोई आपकी तरह नहीं सोच सकता।

3. **सीमाएँ तय करें**

   रिश्तों में अपनी अपेक्षाओं की सीमा तय करें। यह आपको निराशा से बचाएगा और आपको दूसरों से असल में क्या उम्मीद रखनी चाहिए, यह सिखायेगा।

4. **ध्यान और आत्ममंथन करें**

   अपने विचारों और भावनाओं को नियंत्रित करने के लिए ध्यान और आत्ममंथन का सहारा लें। इससे आप बाहरी परिस्थितियों पर कम और अपनी आंतरिक शांति पर अधिक ध्यान केंद्रित कर पायेंगे।

5. आभार व्यक्त करें

जो कुछ भी आपके पास है, उसके लिए आभारी रहें। जब आप दूसरों की अच्छाइयों की सराहना करना शुरू करते हैं, तो आपकी नकारात्मक अपेक्षाएँ धीरे-धीरे ख़त्म हो जाती हैं।

उम्मीदें रखना ग़लत नहीं हैं लेकिन ग़लत लोगों से उम्मीद रखना, सबसे ग़लत बात है। कुछ लोगों को मैंने कहते हुए सुना है कि उम्मीद रखना ही ग़लत है, ख़ुश रहने का सबसे अच्छा तरीक़ा है कि उम्मीद ही न रखो लेकिन वो शायद जानते नहीं हैं कि इंसान सिर्फ़ ऑक्सीजन पर ही नहीं उम्मीद पर भी ज़िंदा रहता है और दुनिया के किसी भी ग्रह पर इंसान जीवन तलाश ले पर बिना उम्मीद के वहाँ भी जी नहीं पायेगा। दरअसल दूसरे ग्रहों पर जीवन तलाशना भी तो इंसान की साइंस से सबसे बड़ी उम्मीद ही तो है।

6

द्वंद्व

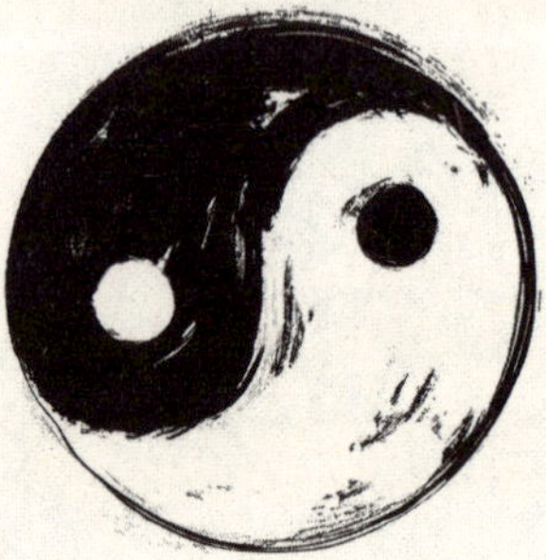

दुनिया उतनी भी बुरी नहीं होती
जितनी हम मान बैठते हैं
और दुनिया से मुँह मोड़ लेते हैं,
वहीं उतनी भी अच्छी नहीं होती
जितनी मानकर हर किसी पर
भरोसा कर बैठते हैं

एक दिन मैं हिंदी सिनेमा के बेहतरीन एक्टर पंकज त्रिपाठी साहब का एक इंटरव्यू देख रहा था, उन्होंने कहा कि दुनिया उतनी भी अच्छी नहीं है जितनी हम मान लेते हैं और दुनिया उतनी भी बुरी नहीं जितनी हम कई बार मान लेते हैं। दुनिया ग्रे शेड है।

डायरेक्टर अनुराग कश्यप की एक मूवी आयी थी मनमर्ज़ियाँ, जिसमें गीतकार शैली ने एक गाना लिखा था, काला न सफ़ेद है इश्के दा रंग यारा, ग्रे वाला शेड है...

कभी आपको भी कुछ चीज़ सही ग़लत से ऊपर लगी होंगी उन्हें ही जीवन कहा गया है। वो कड़वा जीवन जो किताबों से दुनिया की अब तक की हमारी समझ से अलग होता है, वो जीवन जो न चाहकर भी हमारे साथ घट रहा होता है, सही ग़लत की परिभाषा को तोड़कर हमारे दिमाग़ की परीक्षा ले रहा होता है। दुनिया हमें जज करने में लगी होती है और हम अपने अंदर के ग्रे वाले शेड को व्हाइट करने में।

एक चीनी दार्शनिक अवधारणा यिन-याँग है जो विपरीत लेकिन परस्पर जुड़ी शक्तियों का वर्णन करती है। जहाँ सफ़ेद भी है, काला भी है लेकिन सफ़ेद वाले हिस्से में एक काला बिंदु है और काले वाले हिस्से में सफ़ेद बिंदु है। वही बात जो समझाती है कि दुनिया उतनी भी बुरी नहीं होती जितनी हम मान बैठते हैं और दुनिया से मुँह मोड़ लेते हैं, वहीं उतनी भी अच्छी नहीं होती जितनी मानकर निश्चिंत होकर हर किसी पर भरोसा कर बैठते हैं। दुनिया अच्छी भी है तो दुनिया में कुछ बुराई भी है। हम दुनिया में हर तरह के लोगों से मिलते हैं। बस ये हमें तय करना है कि हमें किन्हें महत्त्व देना होगा।

एक कहानी है जो मेरे एक टीचर ने अपनी क्लास में सुनाई थी। जो सही और ग़लत से ऊपर थी। जीवन की जटिलता बताती हुई सटीक कहानी।

दुनिया के लोगों के तमाम जजमेंट, फ़ैसलों से ऊपर होती हैं कुछ चीज़ें, कुछ आपके अपने फ़ैसले जिन्हें आप ही समझ पाते हैं।

तो टीचर की कहानी कुछ यूँ थी

एक बार समुद्र के बीच में एक बड़े जहाज़ पर बड़ी दुर्घटना हो गयी। कप्तान ने शिप ख़ाली करने का आदेश दिया। जहाज़ पर एक युवा दम्पति थे। जब लाइफ़बोट पर चढ़ने का उनका नम्बर आया तो देखा गया नाव पर केवल एक व्यक्ति के लिए ही जगह है। इस मौके पर आदमी ने औरत को धक्का दिया और नाव पर कूद गया।

डूबते हुए जहाज़ पर खड़ी औरत ने जाते हुए अपने पति से चिल्लाकर एक वाक्य कहा।

अब टीचर ने रुककर स्टूडेंट्स से पूछा- "तुम लोगों को क्या लगता है, उस पत्नी ने अपने पति से क्या कहा होगा?"

ज़्यादातर विद्यार्थी तुरंत चिल्लाये- "पत्नी ने कहा होगा- मैं तुमसे नफ़रत करती हूँ आई हेट यू, तुम बहुत मतलबी हो, ऐसा ही कुछ बोला होगा क्योंकि वो अपनी पत्नी को अकेले छोड़कर चला गया था।"

टीचर ने देखा एक स्टूडेंट एकदम शांत बैठा हुआ था, टीचर ने उससे पूछा कि "तुम बताओ तुम्हे क्या लगता है?"

वो लड़का बोला- "मुझे लगता है, औरत ने कहा होगा- हमारे बच्चे का ख़्याल रखना!"

टीचर को आश्चर्य हुआ, उन्होंने लड़के से पूछा- "क्या तुमने यह कहानी पहले सुन रखी थी?"

लड़का बोला- "जी नहीं, लेकिन यही बात बीमारी से मरती हुई मेरी माँ ने मेरे पिता से कही थी।"

टीचर ने दुःखी होकर कहा कि "तुम्हारा जवाब सही है।"

टीचर ने कहानी आगे बढ़ाई- जहाज़ डूब गया, स्त्री मर गयी, पति किनारे पहुँचा और उसने अपना बाकि जीवन अपनी एकमात्र पुत्री के समुचित लालन-पालन में लगा दिया। कई सालों बाद जब वो व्यक्ति मर गया तो एक दिन सफाई करते हुए उसकी लड़की को अपने पिता की एक डायरी मिली।

डायरी से उसे पता चला कि जिस समय उसके माता-पिता उस जहाज़ पर सफ़र कर रहे थे तो उसकी माँ एक जानलेवा बीमारी से ग्रस्त थी और उनके जीवन के कुछ दिन ही शेष थे।

ऐसे कठिन मौके पर उसके पिता ने एक कड़ा निर्णय लिया और लाइफ़बोट पर कूद गया। उसके पिता ने डायरी में लिखा था- तुम्हारे बिना मेरे जीवन का कोई मतलब नहीं, मैं तो तुम्हारे साथ ही समंदर में समा जाना चाहता था। लेकिन अपनी संतान का ख़याल आने पर मुझे तुमको अकेले छोड़कर जाना पड़ा।"

जब ये बात वो बेटी डायरी में पढ़ रही थी तो उसके आँसू रुक नहीं रहे थे क्योंकि जीवन भर उसने अपने पिता को कोसा कि पापा आपने मम्मी को क्यों नहीं बचाया। जीवन भर वो अपने पिता को सही नहीं मान पाई। मन ही मन में पिता उसे गुनाहगार लगते रहे जबकि सत्य उसकी आँखों के सामने दिखने वाले सही ग़लत से ऊपर था।

जीवन में कुछ चीज़ें बहुत जटिल होती हैं, जिसके साथ घट रही होती है वही उन्हें महसूस कर पाता है। ये बिल्कुल वैसा होता है जैसे क्रिकेट स्टेडियम में स्टैंड में बैठकर खिलाड़ी की ग़लती बताना। जो वहाँ खेल रहा होता है वही जानता है कि उस एक आख़िरी बॉल पर छक्का क्यों नहीं लगा।

ज़िंदगी है, तो द्वंद्व भी रहेगा

द्वंद्व उस जटिल परिस्थिति को कहा गया है, जहाँ आपको दो या अधिक में से किसी एक को चुनना होता है किंतु किसी एक को चुनने पर किसी और नियम को आप तोड़ देते हैं। आप अपने ही बनाये हुए उसूलों को तोड़कर आगे बढ़ जाते हैं। मुझे इसका एहसास पहली बार क्लास में तब हुआ था जब मेरे साथ पढ़ने वाले दोस्त ने कहा होमवर्क नकल मार कर ले चलते हैं, मैंने उसे मना किया लेकिन उसने नकल वाला रास्ता ही चुना। बात यहाँ ख़त्म हो जाती लेकिन मेरे ही दिमाग़ ने मुझे दूसरा द्वंद्व दिखाया कि दोस्त के बारे में टीचर को बताना चाहिए कि नहीं क्योंकि दोस्त ऐसा करता रहा तो जीवन में नकल ही करता रह जाएगा और टीचर को बताने पर दोस्ती टूटने का भी ख़तरा था। खैर उस दिन मैंने ये बात उसकी दीदी को बतायी। दीदी ने उस दोस्त को बुलाकर प्यार से समझाया और उम्मीद है दोस्त ने कभी फिर नकल वाला रास्ता नहीं अपनाया होगा। ये मेरे जीवन का किस्सा पढ़कर आपको लग रहा होगा कि हर द्वंद्व से बचा जा सकता है, हर द्वंद्व से निकला जा सकता है लेकिन नहीं जैसे-जैसे आप बड़े होंगे ऐसे द्वंद्व आपके साथ और बड़े होंगे।

दिमाग़ी द्वंद्व किसी भी इंसान को अंदर से तोड़ देता है, आज की दौड़ती ज़िंदगी में सामाजिक व पारिवारिक दबाव आदि के चलते अक्सर व्यक्ति द्वंद्व का शिकार हो जाता है। और जब आपके अंदर द्वंद्व है, तो ये आपके शरीर और मन पर गहरा असर डालेगा ही। पहली बात तो यह कि जितना हो सके द्वंद्व से बचने का प्रयास कीजिए। दूसरी यह कि कुछ आसान 3 तरीक़े जो मैं अपनाता हूँ।

1. योग, प्राणायाम और ध्यान
2. बेवजह की बहस से जितना हो सके दूर रहें
3. सिर्फ़ ख़ुद से नहीं जिससे दिक़्क़त है उससे भी बात करें

द्वंद्व है, तो समाधान भी है

द्वंद्व का समाधान शास्त्रों के अनुसार, पतंजलि के सूत्र – 'वितर्क बाधने प्रतिपक्ष भावनम्।' अर्थात् वितर्क उत्पन्न होने पर ठीक विरुद्ध भावना का उपयोग करना चाहिए। अतः शत्रुता के बदले प्रेम तथा सहानुभूति के भाव मन में जगाने चाहिए। यह तरीका कठिन अवश्य है परंतु असंभव नहीं। इस सूत्र में विपरीत विचारों के भी विरोध का उपाय बताया गया है।

कई बार नकारात्मक विचार हमारे दिमाग़ पर हावी हो जाते हैं ऐसे में अवसर में भी समस्या नज़र आने लगती है। ऐसे विरोधी विचारों से मन में द्वंद्व उत्पन्न होता है। समझ नहीं आता हम किस ओर जाए। मेरा मानना है कि जब भी नकारात्मकता हावी होने लगे तो चिंतन का साथ आपको राहत दे सकता है। **द्वंद्व के समय हमें विचारों के विरोधी विचारों का चिन्तन करना चाहिए। जैसे- हिंसा का भाव आते ही दया के विचार को प्रबल करना, कोई आपको बुरा कहे तो भी मुस्कुराना चाहिए।** याद रखिए उस समय आपका यह व्यवहार ही आपके काम आता है।

7

संघर्ष

लगातार मिल रही असफलताओं
से निराश मत होना, क्योंकि
कई बार गुच्छे की आख़िरी चाबी
भी ताला खोल देती है

मुझे रेडियो के शुरुआती दिनों में एक बड़े सेलिब्रिटी का इंटरव्यू करने जाना था और मैं अंदर से थोड़ा घबराया हुआ था। हालाँकि मैं उनकी ज़िंदगी के बारे में पढ़कर, तैयारी करके गया था। इसलिए जाते ही पहला सवाल पूछ लिया आपकी लाइफ़ में कितना संघर्ष आपने किया, कितना मुश्किल दौर था? उन्होंने कहा मैंने कोई संघर्ष नहीं किया। मैं और घबरा गया कि ये तो मना कर रहे हैं, फ़िर मैंने ख़ुद को संभालते हुए कहा कि आपने वो मुंबई में स्टेशन पर रातें बिताई, पाव खाकर ज़िंदगी बिताई, वो संघर्ष ही तो कहलायेगा जब आप अलग-अलग फ़िल्म डायरेक्टर के पास जाते थे और जवाब में नहीं सुनकर लौट आते थे। उस मशहूर हस्ती ने मेरे कंधे पर हाथ रखा और कहा- "नहीं दोस्त। वो संघर्ष नहीं था, वो तो मेरी यात्रा की शुरुआत थी। यात्रा का एक अहम भाग था, वो दौर नहीं आता तो मैं कभी सफलता का आनंद नहीं ले पाता।" मैंने पूछा- वो कैसे? उन्होंने कहा- क्योंकि उस दौर ने ही तो बताया कि मैं सच में क्या चाहता था? मेरे जीवन का मक़सद क्या था। जब मैं उन दिनों में रोज़ाना अलग-अलग स्टूडियो जाता, ऑडिशन देता, डायरेक्टर से मिलता और नहीं सुनकर लौट आता तो रात में रोज़ सोचता कि क्या पक्का एक्टर ही बनना है और रोज़ाना यही जवाब मिलता कि हाँ यही करना है एक्टर ही बनना है। और जब एक्टर बना, काम मिला तो दिल ख़ुश था और आत्मा प्रसन्न थी कि जो इतनी शिद्दत से चाहा वो मिल गया।

उस दिन मैंने संघर्ष की सही परिभाषा सीखी, मैंने सीखा कि **संघर्ष तो यात्रा का पड़ाव है, हिस्सा है, अगर कोई कहता है कि संघर्ष चल रहा है तो समझ जाना कोई बड़ी कहानी लिखी जा रही है।** मैं अपने जीवन को भी रिवाइंड करके याद करूँ तो इंटर्नशिप के दौर में जब पैदल ऑफ़िस जाता था, लंच डिनर का कुछ अता पता नहीं होता था, कई बार बस 5 रुपए वाला बिस्किट का पैकेट ही डिनर होता था तो तब बस एक ही धुन सवार होती

थी कि रेडियो जॉकी बनना है। कभी सोचा ही नहीं कि ये संघर्ष चल रहा है। क्योंकि तब बस यही पता था कि ये सब तो होगा ही, ये तो हिस्सा है मेरे करियर की यात्रा का।

लेकिन यात्रा में सफलता वाला पड़ाव जल्दी से नहीं आता, समस्याएँ आती हैं, संघर्ष आता है, किसी-किसी का तो संघर्ष का दौर ही ख़त्म नहीं होता। एक मेरे सीनियर थे जवाहर नवोदय विद्यालय में, बोर्डिंग स्कूल था तो सब साथ ही रहते थे, वहाँ मैं देखता कि वो बाक़ी बच्चों से ज़्यादा मेहनत कर रहे होते थे। मैंने उनसे पूछा तो वो घर के हाल बताने लगे, बताते-बताते उनकी आँखों में आँसू थे। कुछ दिन पहले जब उनसे दोबारा संपर्क हुआ तो मैंने पूछा क्या हाल हैं उन्होंने कहा बस चल रहा है, थोड़ा ज़ोर देकर पूछा तो पूरी कहानी सुनाई कि कैसे स्कूल के बाद डॉक्टर बनने की तैयारी के लिए कोटा गये थे। घर वालों का बचा हुआ पैसा खर्च हुआ कुछ नंबर से रह गये। ताने मिले तो पढ़ाई छोड़कर गाँव जाकर खेती करने लगे। पुराना कर्ज़ चुकाने में खेत बिक गये। फिर जैसे तैसे शहर आकर किसी प्राइवेट कंपनी में छोटी-मोटी नौकरी शुरू की है। वह कहने लगे भाई मेरा तो जीवन ही संघर्ष है। उस दिन मैं सोच रहा था कि संघर्ष क्या है? इसकी परिभाषा क्या है ये भी हर व्यक्ति पर निर्भर करता है कि वो संघर्ष के किस दौर में हैं।

भगवान गौतम बुद्ध की एक कहानी है, जो आपको भी बतायेगी कि ऐसे हालातों से निपटना कैसे है। एक बार भगवान बुद्ध प्रवचन दे रहे थे, जहाँ एक किसान उनसे मिलने आया। आते ही उसने कहा मेरी बहुत सारी समस्याएँ हैं। मुझे किसी ने बताया कि आप सभी समस्याओं को हल कर देते हैं। मेरी पहली समस्या तो मेरा काम ही है, ऐसा नहीं कि मुझे खेती पसंद नहीं है। मुझे खेती करना पसंद है, लेकिन कभी-कभी बारिश नहीं होती है और मेरी फ़सलें ख़राब हो जाती हैं। पिछले साल हम लगभग भूखे मर गये थे। और कभी तो बहुत अधिक बारिश होती है, इसलिए मेरी पैदावार वैसी नहीं होती जैसी मैं चाहता हूँ।

भगवान बुद्ध उस किसान की बातों को धैर्य से सुनते रहे। उस किसान ने कहा मेरी अगली समस्या मेरा निजी जीवन है। मैं शादीशुदा हूँ और मुझे अच्छी पत्नी जीवन साथी के रूप में मिली है, लेकिन कभी-कभी वह मुझे बहुत परेशान करती है। मुझे क्रोध दिलाती है, मुझे लगता है सब छोड़कर कहीं दूर चला जाऊँ।

भगवान बुद्ध मौन रहे, सुनते रहे। फ़िर वह व्यक्ति बोला, मेरे दो बच्चे भी हैं, लेकिन कभी-कभी बच्चे मुझसे लड़ते हैं, झगड़ा करते हैं और कभी-कभी प्यार भी करते हैं, सम्मान करते हैं। उस व्यक्ति के पास समस्याओं की ऐसे ही एक लंबी लिस्ट थी। सब बोल लेने के बाद अंत में वह चुप हो गया और भगवान बुद्ध के उत्तर की प्रतीक्षा करने लगा कि बस अब तो सब ठीक हो ही जाएगा।

वह व्यक्ति तब चौंक गया जब भगवान बुद्ध ने कहा, क्षमा करो लेकिन मैं तुम्हारी मदद नहीं कर सकता।

वह किसान मन ही मन गुस्सा होने लगा कि इतनी दूर आया, दिन बर्बाद हो गया। इनके पास कोई जवाब ही नहीं है। भगवान गौतम बुद्ध तब बोले कि देखो इस दुनिया में हर किसी की अपनी समस्या है। वास्तव में, हम सभी के पास निन्यानवे समस्याएँ होती हैं, और हम इनके बारे में कुछ नहीं कर सकते। आप एक समस्या ठीक करेंगे तभी दूसरी आ जाएगी। यदि आप बेटे की तबीयत ठीक करने में समय लगाएंगे वो ठीक होगा, तब तक पिताजी बीमार हो जाएंगे। उस किसान को गुस्सा आ ही गया, उसने कहा आप कैसे महात्मा हैं आपके पास तो समाधान ही नहीं हैं? तब भगवान बुद्ध ने कहा, सुनो मैं तुम्हारी सौवीं समस्या ठीक कर सकता हूँ। उस किसान ने पूछा वो कौन-सी? है तब भगवान बुद्ध ने कहा, “तुम चाहते हो कि तुम्हें कोई समस्या न हो।” बस इसे मैं ठीक कर सकता हूँ तुम आज से अभी से ये सोचना बंद कर दो कि समस्या नहीं होगी। साँस है तब तक कोई न कोई समस्या रहेगी। ये प्रकृति ऐसे ही काम करती है।

हिंदी के महानतम कवियों में एक कवि मैथिलीशरण गुप्त की वो पंक्तियाँ मैं हमेशा याद रखता हूँ कि-

जितने कष्ट कंटकों में है,
जिनका जीवन सुमन खिला,
गौरव गंध उन्हें उतना ही,
यत्र तत्र सर्वत्र मिला।

ज़िंदगी है, तो संघर्ष भी रहेगा। इसलिए पहली बात तो यह कि ज़िंदगी को डरकर नहीं बल्कि डटकर ख़ुशहाली के साथ जीना है। हालाँकि यह भी सच है कि संघर्ष को किसी भी तरह की परिभाषा में ढाला नहीं जा सकता। क्योंकि जब सभी की ज़िंदगी, चुनौतियाँ अलग हैं तो भला संघर्ष कैसे अलग नहीं होंगे? जीवन में कई बार हमें उतार-चढ़ाव का सामना करना पड़ता है और मेरे लिए उनसे लड़ते हुए आगे बढ़ने का नाम ही संघर्ष है। दुनिया के सभी सफल लोगों की सफलता के पीछे उनका संघर्ष छुपा होता है। संघर्ष व्यक्ति को मज़बूत बनाता है, फिर चाहे वो कितना भी कमज़ोर क्यों न हो।

आपने भी सुना होगा कि जितना कठिन संघर्ष होता है उतनी बड़ी जीत होती है। लेकिन बातों में और असलियत में ज़मीन आसमान का अंतर होता है। जीवन में मुश्किल वक़्त का सामना करने पर अक्सर हम हिम्मत हार जाते हैं। तब हम उन लोगों से प्रेरणा ले सकते हैं जो जीवन में संघर्ष कर चुके हैं और इसके सकारात्मक परिणामों को जानते हैं। असल मायने में व्यक्ति के जीवन में संघर्ष उसके चरित्र का निर्माण करते हुए यह तय करता है कि भविष्य में वह क्या बनेगा। संघर्ष ही व्यक्ति को मज़बूत बनाता है, फिर चाहे वो कितना भी कमज़ोर क्यों न हो। **एक छोटा-सा पौधा भी अपने अस्तित्व को बचाए रखने के लिए हर मौसम को सहने के बाद ही पेड़ बनता है।** यह भी सच है कि अगर संघर्ष न हो तो लोगों के अंदर किसी भी प्रकार का उत्साह और जीवन के प्रति उल्लास नहीं होगा।

जैसे बिना तीखा, कड़वा स्वाद चखे मीठे का महत्त्व पता नहीं चलता। वैसे ही बिना कोई संघर्ष किए जीवन जीने का औचित्य ख़त्म हो जाता है। कोकून और तितली की कहानी आपने भी सुनी होगी, जहाँ एक आदमी तितली को उसके दुःख से मुक्त करना चाहता था, और उसने कोकून को काट दिया। लेकिन वह इस बात से अनजान था कि उसे ऐसा नहीं करना चाहिए क्योंकि वह केवल तितली को नुकसान पहुँचाएगा। लेकिन दुर्भाग्य से उसने वही किया। आदमी दयालु स्वभाव का था लेकिन वह यह बात समझ नहीं पाया कि कोकून से निकलने में तितली जो संघर्ष करती है, वही संघर्ष उसे उड़ने लायक बनाता है। कोकून में जो छोटा-सा छेद होता है, वह ईश्वर का एक तरीका है, तितली को संघर्ष के बाद उड़ने लायक बनाने का। जब तितली इस छोटे से छेद से स्वयं बाहर निकलती तो वह सपनों की दुनिया में उड़ सकती थी।

हम लोग बेवजह ही संघर्ष को लेकर इतना ज़्यादा सोचते हैं, लेकिन मेरे नज़रिए से यह किसी ट्रेनिंग की तरह है, जो आपको प्रशिक्षित करता है। जैसे आपको कार चलाने के लिए पहले ट्रेनिंग लेनी पड़ती है, टेस्ट देकर फ़िर लाइसेन्स बनवाना पड़ता है ताकि आप भविष्य में जब सड़क पर जाएं तो सुरक्षित यात्रा कर पायें।

और वो बात भी है न कि जो लोग बिना संघर्ष के कुछ हासिल भी कर लेते हैं उनके लिए फ़िर जीवन की ही अहमियत नहीं रहती। आप छोटे बच्चे को महंगा फ़ोन दे दें तो वो कभी नहीं समझ पायेगा कि उसके पापा ने कितनी मेहनत से ये फ़ोन ख़रीदा होगा।

किसी ने बड़े कमाल की बात कही है कि-

एक सपने के टूटकर चकनाचूर हो जाने के बाद दोबारा सपने देखने के हौसले को ही ज़िंदगी कहते हैं।

सफलता की राह 'संघर्ष' से

प्रसिद्ध लेखिका जे के रोलिंग ने अपने जीवन में कई मुश्किल परिस्थितियों का सामना किया, लेकिन संघर्ष करना नहीं छोड़ा और अपने काम के प्रति ईमानदार रहीं। अक्सर वह कहती हैं कि मैंने अपने संघर्षों से, अपनी परिस्थितियों से ही सीखा कि जीवन में असफलताएँ भी ज़रूरी होती हैं। इंफ़ोसिस के को-फाउण्डर नारायण मूर्ति को जीवन में कई बार असफलताएँ मिलीं। उनका पहला बिज़नेस सिर्फ़ डेढ़ साल में बंद हो गया। उसके बाद एक कंपनी में पाँच साल काम करने के बाद उन्होंने इंफोसिस की शुरुआत की और आज वह सफलता की ऊँचाईयों पर हैं। एक छोटी-सी खरोंच लगने पर भी हम कराह उठते हैं लेकिन एक हादसे में अपना एक पाँव खो चुकीं अरुणिमा सिन्हा ने हार नहीं मानी, संघर्ष करती रहीं और आज उनके नाम हिमालय फ़तेह करने का रिकॉर्ड है। उनसे हम यह प्रेरणा ले सकते हैं कि **जीवन में चाहे जिस बात की कमी हो उसका दुःख मनाने की बजाए संघर्ष का हाथ थामेंगे तो हर मनचाही चीज़ हमारे पास होगी।**

बड़ी सफलता के लिए बड़ा संघर्ष है ज़रूरी

जैसे ही आपके मन में कुछ पाने की इच्छा उत्पन्न होती है, वैसे ही जीवन में संघर्ष शुरू हो जाता है। एक छोटा-सा बच्चा मेज़ पर रखे खिलौने को उठाने के लिए अनेक जतन करता है, अपने पाँव उचकाता है, डंडे की मदद लेता है और जब वह उसके हाथ में आता है तो उसकी मुस्कान में उसके द्वारा की गयी कोशिश, संघर्ष छुपा होता है। उम्र के साथ हमारी इच्छाएँ और संघर्ष बढ़ते जाते हैं और हम इसके लिए लगातार मेहनत करते हैं। जीवन में आने वाली विपरीत परिस्थितियों का सामना करते हैं और यह बात समझते हैं कि संघर्ष के बिना जीवन का कोई अर्थ नहीं है पर अफ़सोस कि हम अपनी आने वाली पीढ़ी को इस संघर्ष का महत्त्व समझाने की बजाए उसे इससे बचाने की कोशिश करते हैं। इसी कारण वह मन में बड़ी इच्छाएँ तो रखते हैं पर उन्हें

पूरा करने का साहस नहीं दिखा पाते। यह हमारा कर्तव्य हैं कि हम अपने और अन्य लोगों की संघर्ष की कहानी सुनाकर उन्हे संघर्ष करने के लिए प्रेरित करें जिससे वह सिर्फ़ सपने देखना नही बल्कि उन्हें पूरा करना भी सीखें।

संघर्ष का आध्यात्मिक अर्थ

जीवन का दूसरा नाम ही संघर्ष है ये पंक्ति मेरी मम्मी की पसंदीदा पंक्ति है। उनसे मैंने एक बार पूछा था कि थोड़ा विस्तार से समझाओ तो कहने लगीं कि व्यक्ति की ज़िंदगी में जीवन पर्यंत संघर्ष ही संघर्ष तो है, हर व्यक्ति अपने अपने हिस्से का संघर्ष ही तो कर रहा होता है। लेकिन सबसे बड़ा संघर्ष होता है अपने भीतर ध्यानस्थ होने का। स्वयं को अनुशासित करने का। स्वयं को अपने विकारों से दूर रखकर सफलता तक पहुँचने का। अपने मन को, अपनी इच्छाओं को नियंत्रित रखने का। यह जीवन के सबसे बड़े संघर्ष हैं, जहाँ आप ख़ुद की बुराईयों से संघर्ष करते हुए उन्हें हराकर जीवन में अच्छाई के रास्ते पर चलते हैं। आत्मा के शुद्धिकरण की शुरुआत करते हैं। संघर्ष करते रहिए, सफ़लता के रास्ते पर चलते रहिए, मेरी ओर से आपको अनंत शुभकामनाएँ।

8

चिंता

लोगों की बातों को
दिल से मत लगाना,
लोग अमरूद ख़रीदने से पहले पूछते हैं
कि मीठे हैं ना और
बाद में नमक लगाकर खाते हैं

चिंता का अंत ही चिंतन है, और मेरा मानना है जहाँ चिंतन है वहीं जीवन है। हो सकता है अभी आप ये किताब पढ़ते-पढ़ते चिंता कर रहे हों कि परसों जो दोस्त से झगड़ा हुआ था अब उससे वापस दोस्ती कैसे होगी? हो सकता है आपकी चिंता पारिवारिक रिश्तों को लेकर हो या पैसों को लेकर। लेकिन याद रखिए सिर्फ़ चिंता करना ही समाधान नहीं हो सकता, समाधान के बारे में सोचना समाधान तक पहुँचा सकता है। हम घटनाओं में अटक जाते हैं, और इतना उलझ जाते हैं जैसे संक्रांति पर दूर किसी पेड़ में पतंग।

चिंता ज़हर है, तो चिंतन अमृत। चिंता मौत है, तो चिंतन जीवन। अपने अतीत की ग़लतियों से सीखकर आगे बढ़ना और अपने भविष्य के लिए बेहतर से बेहतर प्लानिंग बनाना चिंतन से ही संभव है। अपने आस-पास ही देखिए, जिन लोगों को चिंता की बीमारी हैं उन्हें आप दुखी ही देखेंगे और जिन्हें चिंतन की आदत हैं उन्हें आप हमेशा प्रसन्न देखेंगे। दुनिया की तमाम बड़ी शख्सियतों ने चिंतन से अपने आपको मज़बूत बनाया है। उन्होंने चिंतन को अपना साथी बनाया, चिंता को नहीं। आप भी आज और अभी से चिंतन को साथी बना लीजिये, यक़ीनन कुछ ही समय में आप अपने क्षेत्र में बेहतर से बेहतरीन होते चले जाएंगे।

कर्तापन और चिंतन: एक आध्यात्मिक दृष्टि

चिंता का जन्म कर्ता होने के अहसास से होता है। जब तक तुम यह सोचते हो कि जीवन की हर घटना तुम्हारे प्रयासों का परिणाम है, तब तक चिंता का बोझ तुम्हारे मन पर बना रहता है। लेकिन जैसे ही तुम यह समझ लेते हो कि असली कर्ता तुम नहीं हो, बल्कि यह सब ईश्वर की इच्छा और कर्मों के नियमों के अनुसार हो रहा है, चिंता स्वतः ही समाप्त हो जाती है।

अहंकार ही वह कारण है जो कर्ता होने का भ्रम पैदा करता है। अहंकार कहता है, "मैंने यह किया, मैं यह कर रहा हूँ, और मैं आगे भी करूँगा।" परंतु जब तुम भीतर झाँकते हो और सच्चाई को पहचानते हो, तो यह स्पष्ट हो जाता है कि जीवन की हर घटना पूर्व निर्धारित है। यह तुम्हारे पूर्व कर्मों और प्रारब्ध का परिणाम है।

संसार की अस्थिरता को समझना ही जीवन का सबसे बड़ा सत्य है। जब तुम इसे स्वीकार कर लेते हो, तब मोह, माया, और झूठे अहंकार का प्रभाव धीरे-धीरे कम होने लगता है। तुम यह जानने लगते हो कि हर चीज़ क्षणिक है, और अंततः हमें इसे छोड़कर जाना है।

जीवन में संतोष और शांति तभी संभव है, जब तुम कर्तापन के भाव को छोड़कर हर स्थिति को सहजता से स्वीकार करते हो। इस **स्वीकार्यता से एक गहन प्रेम उत्पन्न होता है, जो तुम्हें हर जीव और प्रकृति के प्रति जोड़ता है।** यही प्रेम परम सत्य है। इसे अनुभव करने के लिए अहंकार और स्वार्थ को त्यागना ज़रूरी है।

इसलिए, जीवन की हर परिस्थिति में ईश्वर की लीला को समझो, अपने मन को प्रेम से भर लो, और हर दिन को आनंदमय और शांतिपूर्ण बनाओ। यही जीवन की सच्ची कला है।

राजा की चिंता और महात्मा का चिंतन

प्राचीन समय की बात है। एक शक्तिशाली राजा था, जो अपने राज्य को लेकर हमेशा चिंता में डूबा रहता था। वह सोचता, "अगर दुश्मन हमला कर दें, तो मेरा क्या होगा? अगर अकाल पड़ गया, तो प्रजा कैसे जियेगी? क्या मैं एक अच्छा राजा हूँ?" उसकी चिंता ने उसे इतना व्याकुल कर दिया कि वह रातों को सो भी नहीं पाता था।

राजा ने अपनी समस्या का हल खोजने के लिए एक प्रसिद्ध महात्मा को अपने दरबार में बुलाया। महात्मा शांत और ज्ञानवान थे। राजा ने अपनी

चिंता व्यक्त करते हुए कहा, "गुरुदेव, मैं हमेशा अपने राज्य, प्रजा और भविष्य को लेकर चिंतित रहता हूँ। कृपया मुझे इस चिंता से मुक्त होने का मार्ग दिखायें।"

महात्मा मुस्कुराए और बोले, "महाराज, मैं आपकी समस्या का समाधान अवश्य करूँगा, लेकिन पहले मैं आपको एक छोटा-सा काम दूँगा।"

महात्मा ने राजा को एक ख़ाली कटोरा दिया और कहा, "आप इस कटोरे में तेल भरें और इसे अपने महल के चारों ओर घूमा कर लायें। लेकिन ध्यान रखें, तेल की एक भी बूँद नीचे नहीं गिरनी चाहिए।"

राजा ने चुनौती स्वीकार की। उसने कटोरे में तेल भरा और बहुत सावधानी से महल के चारों ओर घूमने लगा। वह अपनी नज़रें कटोरे से हटाने का साहस भी नहीं कर पा रहा था। अंत में, वह महात्मा के पास पहुँचा और बोला, "गुरुदेव, देखिए, मैंने तेल की एक भी बूँद गिरने नहीं दी।"

महात्मा ने राजा से पूछा, "जब तुम कटोरे को लेकर घूम रहे थे, तब क्या तुमने अपने महल के बगीचे की सुंदरता देखी?"

राजा ने कहा, "नहीं, मेरा ध्यान केवल कटोरे पर था।"

महात्मा ने मुस्कुराते हुए कहा, "महाराज, यही तो चिंता और चिंतन का अंतर है। जब तुम्हारा ध्यान केवल समस्या (कटोरे में तेल) पर होता है, तो तुम बाक़ी जीवन का आनंद और समाधान देख ही नहीं पाते। यह चिंता है। लेकिन अगर तुम अपनी समस्या को शांत चित्त से देखकर उसका हल ढूँढो, तो यह चिंतन बन जाता है।"

महात्मा ने आगे कहा, "**अपने कर्तव्यों को निभाओ, लेकिन उन्हें अपने मन पर इतना हावी मत होने दो कि जीवन का आनंद ही खो जाए।** समस्या का समाधान सोचने के लिए शांत चित्त और चिंतन की आवश्यकता होती है, न कि व्यर्थ की चिंता की।"

राजा को अपनी भूल समझ में आ गयी। उसने महात्मा को धन्यवाद दिया और अपने जीवन में चिंता को त्यागकर चिंतन को अपनाने का निर्णय लिया।

चिंता मन को अस्थिर करती है और समाधान से दूर ले जाती है, जबकि चिंतन मन को स्थिर कर सही रास्ता दिखाता है। चिंता को छोड़कर चिंतन को अपनाना ही जीवन की सच्ची कला है।

किसी ने बड़े कमाल की बात कही है कि -

लोगों की बातों को दिल से मत लगाना,
लोग अमरूद ख़रीदने से पहले पूछते हैं
कि मीठे हैं ना और बाद में नमक लगाकर
खाते हैं!

चिंता और चिंतन: दो दृष्टिकोण

चिंता चिता के समान है, जो मनुष्य के मन-मस्तिष्क को भीतर से जलाती रहती है। इसके विपरीत, चिंतन शीतल वर्षा के समान है, जो भीतर की अग्नि को शांत कर मन को स्थिरता प्रदान करता है। चिंता व्यक्ति को अंधकार की ओर ले जाती है, जबकि चिंतन उसे उजाले की राह दिखाता है।

चिंता मनुष्य को भ्रमित कर ग़लत मार्ग पर धकेल देती है, वहीं चिंतन उसे सही दिशा में मार्गदर्शन देता है। चिंता एक ऐसा भार है, जो मनुष्य को मानसिक और शारीरिक रूप से तोड़ देता है। इसके विपरीत, चिंतन एक प्रकाश है, जो उसे अपनी ग़लतियों से सीखकर आगे बढ़ने की प्रेरणा देता है।

चिंता का स्वभाव मनुष्य को नीचे गिराना है। यह उसे दयनीय या कभी-कभी क्रूर बना सकती है। वहीं, **चिंतन व्यक्ति को विचारशील और विवेकशील बनाता है, जिससे वह अपने जीवन में सकारात्मकता लाता है।**

चिंता का संबंध निकट भविष्य के डर और अनिश्चितता से होता है। यह मनुष्य के आत्मविश्वास को कमज़ोर करती है और उसके मार्ग को अवरुद्ध कर देती है। दूसरी ओर, चिंतन दूरदृष्टि और आत्मविश्वास का प्रतीक है। यह न केवल सही और ग़लत का भेद समझाता है, बल्कि आगे बढ़ने का मार्ग भी प्रशस्त करता है।

अगर सरल भाषा में कहें, तो चिंता मन पर बोझ है, जबकि चिंतन मन को ज्ञान और शांति का बोध कराता है। **चिंता से बचें और चिंतन को अपनाएँ, क्योंकि यही जीवन को सही दिशा में ले जाने का मूलमंत्र है।**

चिंतन करने की कोई उम्र नहीं होती। छोटे बच्चे से लेकर बुज़ुर्ग तक सब चिंतन करते हैं। परिस्थितियों के अनुसार उनका चिंतन विभिन्न प्रकार का हो सकता है। एक बुज़ुर्ग व्यक्ति अपने जीवन को शांति और आराम से कैसे जिये इसका चिंतन करता है तो एक युवा अपने समृद्ध भविष्य के लिए चिंतन करता है। ज़रूरी नहीं कि हम सिर्फ भविष्य के लिए ही चिंतन करे, कई बार भूतकाल की घटनाओं पर विचार करके और उनसे सीख लेकर अपने वर्तमान को सुखद बना सकते हैं, वहीं वर्तमान में किए गये कार्यों पर चिंतन करके अपने भविष्य के लिए एक मज़बूत नींव भी तैयार कर सकते हैं।

अक्सर हम यह तय नहीं कर पाते हैं कि हमारे लिए सबसे महत्त्वपूर्ण क्या है? काम, परिवार, दोस्त और ख़ुद के बीच चुनाव करना बहुत कठिन हो जाता है। ऐसी कई बातें हैं, विचार हैं जो हमें परेशान भी करते हैं और भ्रमित भी। चिंतन करके हम इन सभी प्रश्नों का हल आसानी से ढूँढ सकते हैं। सही मायने में चिंतन हमें जीवन का एक उद्देश्य देता है और अपने लक्ष्य को हासिल करने में सहायता करता है।

तीन लिफ़ाफ़ों का रहस्य

मुदित 10 साल से एक ही कंपनी में काम कर रहा था। उसकी मेहनत और लगन के बावजूद, उसे लगा कि उसकी तरक्की रुक गयी है। वह जीवन में

हमेशा चिंता ही करता रहता था। एक दिन अपनी पत्नी के कहने पर उसने नयी नौकरी की तलाश शुरू की और अंततः एक मल्टीनेशनल कंपनी में न केवल सिलेक्शन हुआ, बल्कि उसे वहाँ मैनेजर के तौर पर बॉस की भूमिका भी सौंपी गयी।

नये पद पर आने के पहले दिन, जब वह कंपनी पहुँचा, तो उसने देखा कि उसी दिन पुराने बॉस का रिटायरमेंट हो रहा था। रिटायरमेंट पार्टी के बाद, पुराने बॉस ने मुदित को अपने केबिन में बुलाया।

पुराने बॉस ने मुदित को तीन लिफ़ाफ़े दिए और कहा:

"इन तीन लिफ़ाफ़ों को संभालकर रखो। जब भी तुम्हें कंपनी में कोई बड़ी समस्या या संकट महसूस हो, तो पहले लिफ़ाफ़े को खोलना। उसमें समाधान मिलेगा। अगर समस्या फिर से आए, तो दूसरा लिफ़ाफ़ा खोलना, और फिर तीसरा।"

मुदित ने यह बात ध्यान से सुनी और तीनों लिफ़ाफ़े अपने पास रख लिए। मुदित अपने व्यवहार के हिसाब से ही काम करता था, चिंता ज़्यादा और काम कम। उस कंपनी में कुछ महीने तो सब ठीक चला। लेकिन अचानक एक दिन, टीम के भीतर झगड़े और विवाद शुरू हो गये। मुदित को समझ नहीं आया कि इसे कैसे संभाले। तभी उसे पुराने बॉस के दिए लिफ़ाफ़ों की याद आयी।

उसने पहला लिफ़ाफ़ा खोला। उसमें लिखा था:

"सारी ग़लती पुराने बॉस की बता दो।"

मुदित ने टीम के सामने जाकर कहा, "जो भी समस्याएँ हमारी कंपनी में आ रही हैं, वे पुराने प्रबंधन की ग़लतियों का परिणाम हैं। हम अब इसे सुधारने पर ध्यान देंगे।" यह सुनकर टीम शांत हो गयी, और समस्या ख़त्म हो गयी।

कुछ महीनों बाद, एक बार फिर विवाद खड़ा हुआ। मुदित ने इस बार दूसरा लिफ़ाफ़ा खोला। उसमें भी वही लिखा था:

"सारी ग़लती पुराने से भी पुराने वाले बॉस की बता दो।"

मुदित ने टीम को फिर यही कहा कि यह समस्याएँ पिछले प्रबंधन की ग़लतियों का रिज़ल्ट हैं। एक बार फिर मामला शांत हो गया।

कुछ समय बाद, कंपनी में तीसरी बार समस्या खड़ी हुई। मुदित को अब समझ नहीं आ रहा था कि क्या करे। उसने आखिरकार तीसरा लिफ़ाफ़ा खोला। उसमें लिखा था:

अब तुम्हारे जाने का समय आ गया है। तीन नये लिफ़ाफ़े बनाओ और अपने उत्तराधिकारी को दे जाओ।

मुदित ने तब समझा कि उसने हर बार केवल दूसरों पर दोष डालकर समय निकाला, लेकिन समस्याओं के समाधान पर काम नहीं किया। नेतृत्व का असली मतलब है चिंतन करना और समस्या का हल ढूँढना, न कि चिंता में समय बर्बाद करना।

"चिंता केवल समस्या को बढ़ाती है, जबकि चिंतन समाधान देता है। समय को बहाने बनाने में नहीं, काम करने में लगाओ। समस्या चाहे कितनी भी बड़ी हो, समाधान का रास्ता चिंतन और मेहनत से ही निकलता है।"

चिंता को कैसे ख़त्म करें?

चिंतन से क्रिएटिविटी और चिंता से ओवर थिंकिंग का जन्म होता है। इस बात को हमेशा ध्यान में रखें कि ओवरथिंकिंग कभी भी लाभदायक नहीं होती है, ये आदत हमें वक़्त के साथ और कमज़ोर बना देती है। ये समझना ज़रूरी है कि इस आदत की शुरुआत कहाँ से और कैसे हो रही है और फिर आदत को अपने से दूर भी करना होगा। 5 बातों से समझते हैं कि ओवरथिंकिंग की शुरुआत कहाँ से होती है और इसे दूर कैसे किया जाए।

1 ट्रिगर पॉइंट को समझें

हर इंसान के सोचने का एक पॉइंट होता है, जहाँ पहुँचकर वह ओवरथिंकिंग करने लगता है। जब आप अपने ट्रिगर पॉइंट को पकड़ लेंगे तो आपको ओवरथिंकिंग का सॉल्यूशन मिल जाएगा। जब आपको ऐसा लगता है कि आप एक पॉज़िटिव एन्वॉयरन्मेंट में नहीं है तो उसे बदलने की कोशिश कीजिए क्योंकि ओवरथिंकिंग एक ऐसी समस्या है जिसमें कोई आपकी मदद नहीं कर सकता इसलिए आपको सकारात्मक लोगों और माहौल के पास रहना बहुत ज़रूरी है।

2 परफ़ेक्शन के पीछे न भागें

जीवन में परफ़ेक्शन होना अच्छी बात है लेकिन हर बार परफ़ेक्शन के पीछे भागना भी दुखदायी होता है। बहुत से लोग ऐसे होते हैं जिन्हें हर चीज़ परफ़ेक्शन से करने की आदत होती हैं। ऐसे में अगर कोई चीज़ कभी पूरी नहीं हो पाती है तो वे ख़ुद को और अपने आस-पास के लोगों को दोषी ठहराने लगते हैं और यहाँ से शुरुआत होती है ओवरथिंकिंग की। इसलिए आपको परफ़ेक्शन को ख़ुद से थोड़ा दूर करना होगा। क्योंकि ग़लतियाँ सबसे होती हैं। जब आप कोई नया काम करते हैं तो पूरा ध्यान उस काम पर लगायें जिससे आपसे ग़लतियाँ कम हों और अच्छे से काम कर सकें। अपने दिमाग़ को वर्तमान में रखें जिससे आप अपने आज को शक्तिशाली बना पायेंगे। आज बेहतर होगा तो भविष्य भी सुखद हो ही जाएगा।

3 ख़ुद को अकेला न छोड़ें

कई बार हमें लगता हैं कि हम थोड़ी देर अकेले रहें या फिर सोचते हैं मुझे तो अकेले रहना पसंद है। लेकिन जब हम अकेले होते हैं तो बहुत ज़्यादा ओवरथिंक करते हैं। अगर आप परिवार और दोस्तों के साथ नहीं रहेंगे तो ऐसी बातें सोचने लगेंगे जो आपको, आपके रिश्तों को और मानसिक स्वास्थ को हानि पहुँचा सकती हैं। अगर आप अकेले हैं तो दोस्तों के

पास जाएं, कहीं घूमने निकल जाएं, ध्यान करें, लेकिन अपने आपको अकेला न छोड़ें।

4 लेखन को बनायें अपना दोस्त

अगर आप किसी से अपनी बात नहीं कह पा रहे हैं तो उसे एक डायरी में लिखना शुरू करें। जब आप अपने विचारों को लिखने लगेंगे तो आप उन्हें दिमाग़ से बाहर निकाल पायेंगे और ओवरथिंकिंग कम हो जाएगी। जब आप बातों को दिमाग़ में रखते हैं तो वह वहीं रह जाती है लेकिन लिखने से आपका तनाव कम होता है और आप ख़ुद को हल्का महसूस कर पाते हैं।

5 माफ़ करना सीखें

हमें ख़ुद को और दूसरों को माफ़ करना आना चाहिए। कई बार हम दूसरों के बारे में ज़्यादा सोचने लगते हैं जिससे हम ओवरथिंकिंग के शिकार हो जाते हैं। कई बार इस वजह से हम नकारात्मक भी हो जाते हैं और हमें हर चीज़ ग़लत ही लगती हैं। इसे दूर करने के लिए आपको अपनी और दूसरों की ग़लतियों को क्षमा करना सीखना होगा। माफ़ करना बहुत पुण्य का काम होता है।

चिंतन कहाँ है

- अच्छी बातों को सुनने और समझने में
- पढ़ने में और जो पढ़ा है उसे जीवन में उतारने में
- भक्ति में, मंदिर की चौखट हो या आपके घर का गार्डन
- नियमित रूप से योगा और ध्यान करने में

चिंतन कोई दवाई नहीं है जिसे सिर्फ कुछ दिन लिया और आप ठीक हो जाएंगे। यह हमारे दैनिक जीवन का हिस्सा है। जिस तरह शरीर को स्वस्थ

रखने के लिए व्यायाम ज़रूरी है उसी तरह अपने दिमाग़ और मन को स्वस्थ रखने के लिए रोज़ाना चिंतन करना भी ज़रूरी है। कहते हैं रुका हुआ तो पानी भी ख़राब हो जाता है, ऐसे ही **चिंतन हमारे मस्तिष्क को कार्य देता है कि वह कुछ नया सोचे और लगातार कार्य करता रहे**। कई बार जीवन की परेशानियों से जूझते हुए हमारे मन पर उदासी का तमस छा जाता है। यह एक तरह की गहरी नकारात्मकता होती है। इसे दूर करने के लिए हम चिंतन के द्वारा अपने अंदर के प्रकाश को खोज सकते हैं। चिंतन हमें कठिन समय में भी साहसी बने रहने की शक्ति देता है।

जब ज़िंदगी में चारों ओर मुश्किलों के बादल छाये हों तब चिंतन ही आपको समाधान दे सकता है। ज़िंदगी की तमाम झंझटों को एक तरफ़ रखकर कुछ देर अपने साथ बैठिये, स्वयं से बातें कीजिए, समस्याओं को समझकर चिंतन कीजिए। भले ही आपको तुरंत कोई समाधान न मिले लेकिन उन समस्याओं का सामना करने की ताक़त ज़रूर मिल जाएगी। चिंतन आपको चिंता नहीं बल्कि समाधान की ओर लेकर जाता है। एक बात का हमेशा ध्यान रखिए कि चिंता ओवरथिंकिंग को जन्म देती है और चिंतन क्रिएटिविटी को, अब फ़ैसला आपके हाथ में है।

9

ईर्ष्या

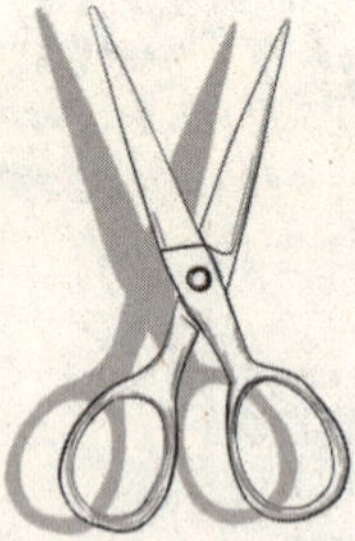

बनना है तो दीपक की तरह
बनिए सरकार,
जो दूसरों से नहीं दूसरों के लिये
जलता है

दुनिया में सबसे बड़ा ज्वालामुखी संयुक्त राज्य अमेरिका के हवाई में मौना लोआ है, जिसकी ऊँचाई 9170 फीट है। मौना लोआ एक सक्रिय ज्वालामुखी है और इसका लावा विस्फोट बहुत तरल है। लेकिन मुझे लगता है इससे भी बड़ा ज्वालामुखी है, और वो सबके साथ रहता है- हमारे दिमाग़ में ईर्ष्या के रूप में और जब ईर्ष्या और बढ़ जाए तो द्वेष के रूप में। ईर्ष्या यानी जलन की भावना न चाहते हुए भी आ ही जाती है। ईर्ष्या यानी जलन जब तक रहेगी तब तक शीतलता आ ही नहीं सकती। आप जलते ही रहेंगे क्योंकि आपके आस-पास वालों की ज़िंदगी में अच्छा होता ही रहेगा और अगर आपने जलन की भावना नहीं छोड़ी तो लगातार एक आग आपके अंदर आपको ही जलाएगी जिसमें आप स्वयं को शीतल नहीं कर पायेंगे। ज्वालामुखी सक्रिय रखोगे तो लावा ही लावा होगा, दूसरे के हर सुख में आपके लिए दुख होगा। इससे अच्छा तो आप **दूसरे के सुखों में सुखी होना शुरू करो आपके मन में अलग ही शांति होगी।**

लेकिन सबसे पहले तो यह जानना ज़रूरी है कि जलन या ईर्ष्या किसे कहते हैं?

ईर्ष्या ऐसा भाव है जो किसी भी व्यक्ति के भीतर तुलना करने के कारण उत्पन्न होता है। जब भी कोई व्यक्ति, किसी दूसरे व्यक्ति के गुण, भाव, शारीरिक दिखावट, धन-सम्पत्ति, रहन-सहन, खान-पान, रोज़मर्रा की गतिविधियों आदि की तुलना ख़ुद से करता है और ख़ुद को उस व्यक्ति से कमज़ोर पाता है, तब उसके भीतर जलन की भावना उत्पन्न हो जाती है।

इसलिए ये कह सकते हैं कि जलन सिर्फ उन्हें होती है जो आपकी सफलता देख ख़ुश नहीं हैं, क्योंकि आप उनसे आगे हैं और वे लोग हमेशा आपके पीछे। अतः हमेशा याद रखें कि जलन करने वाले लोग आपसे सोच और ओहदे में पीछे रह जाते हैं।

किसी ने बड़े कमाल की बात कही है न कि-

पीठ पीछे बात उन्हीं की होती है जिनमें कुछ
ख़ास बात होती है।

इस दुनिया में हम चाहें मंगल पर कॉलोनी बसा लें लेकिन कुछ कहावतें हमेशा सटीक रहेंगी। जैसे कहा जाता है-

लकड़ी जल कोयला भई, कोयला जल भई राख,
मैं पापन ऐसी जली, कोयला भई न राख।

ये "ईर्ष्या" ही तो है। लोगों के मन में ये जो ईर्ष्या आती है इसे बाज़ार से खरीदकर नहीं लाना पड़ता ये तो अंदर ही अंदर अग्नि से ज्वालामुखी बनती है जो अंदर ही अंदर जलाती चली जाती है।

ईर्ष्या इन 4 कारणों से आती है

1. आपके सामने कोई आपकी तुलना में सफल हो रहा हो।
2. असफलता और निराशा के कारण।
3. अन्य लोगों द्वारा आपकी निंदा।
4. जीवन में कुछ महत्त्वपूर्ण चीजों का हासिल न होना, जो आपको अन्य लोगों से पीछे छोड़ देता हो।

जब हम पैदा होते हैं तो हमारे मन पर कोई विकार नहीं होते, निर्मल मन होता है। एकदम शुद्ध। लेकिन जैसे-जैसे बड़े होते जाते हैं, एक के बाद एक विकार हमारे ऊपर चढ़ते जाते हैं। हमारे विकारों की प्रगति में हमारे आस-पास के लोग ही भूमिका निभाते हैं, न चाहते हुए भी कुछ विकार तो हमारे घर से ही हमारे अंदर आ जाते हैं। और रही सही कसर घर से बाहर कदम रखते ही पूरी हो जाती है। कभी माता-पिता ने नहीं सोचा होगा लेकिन

ईर्ष्या एक ऐसा ही विकार है जो वो अपने बच्चे तक सबसे पहले पहुँचाते हैं। जब वो कहते हैं कि पास वाले के बच्चे ने तो ज़्यादा अच्छी ड्रेस पहनी क्योंकि उसके पापा नंबर दो का पैसा कमाते हैं। तो बच्चे तक पहुँच जाती है जलन की भावना और झूठे विचारों को सच मान लेने की क्षमता भी।

किसी व्यक्ति ने एक बार भगवान से प्रार्थना करके उन्हें प्रसन्न कर लिया, और भगवान जब प्रकट हुए तो उसने कहा मैं माँगना तो बहुत कुछ चाहता हूँ लेकिन आप हर दिन आइएगा मैं रोज़ आपसे कुछ माँगूँगा। जब उसने अपनी ओर से शर्त रखी तो भगवान ने भी कहा मेरी भी एक शर्त है मैं जब-जब तुम बुलाओगे रोज़ आऊँगा। तुम जो माँगोगे तुम्हें ज़रूर दूँगा लेकिन तुम्हारे आस-पास के लोगों को दोगुना दूँगा। व्यक्ति ने थोड़ा सोचा फिर उसे लगा ठीक है अभी मैं न तो बोल भी नहीं सकता। उसने हाँ बोल दिया। भगवान ने कहा ठीक है फिर आज तो माँग लो जो चाहते हो, उस व्यक्ति ने कहा मुझे एक कार दे दो।

भगवान ने उसे तथास्तु कहा और अंतर्ध्यान हो गये वो घर के बाहर गया तो उसने देखा एक चमचमाती कार खड़ी थी, लेकिन उसके पड़ोसियों के घर के बाहर दो-दो कारें थीं।

अगले दिन फिर उसने प्रार्थना की, प्रभु को प्रसन्न किया और अब की बार 5 मंज़िला घर माँगा, प्रभु ने तथास्तु कहा और अंतर्ध्यान हो गये। बाहर जाकर देखा तो उसका घर 5 मंज़िल का हो गया था लेकिन पड़ोसियों के घर 10-10 मंज़िल के हो गये थे। उस व्यक्ति का दिमाग़ ख़राब हो गया कि सारी भक्ति मेरी और मज़ा पड़ोसी ले रहे हैं।

वो पास के शहर में अपने दोस्त के पास गया और पूछा भाई बताओ क्या करूँ मुझे भगवान से चाहिए भी और मैं नहीं चाहता कि पड़ोसी ख़ुश हों। प्रभु ने जो कहा उस हिसाब से तो हमेशा उन्हें दोगुना मिलेगा। उस दोस्त ने कहा अब की बार भगवान प्रकट हों तो जो मैं कह रहा हूँ बस वो माँग लेना। अगली शाम प्रभु प्रकट हुए तो उस व्यक्ति ने कहा प्रभु मेरी एक

आँख आप ग़ायब कर दो। प्रभु ने तथास्तु कहा और अंतर्ध्यान हो गये। उस व्यक्ति की एक आँख ग़ायब हो गयी अब वो सिर्फ़ एक आँख से देख पा रहा था तुरंत बाहर गया देखन के लिए कि पड़ोसियों का हाल क्या है तो पता चला पड़ोसियों की दोनों आँखें ग़ायब हो गयीं थीं। तब जाकर इस व्यक्ति के कलेजे को ठंडक मिली। कई बार ये ईर्ष्या की भावना इतनी विकृत हो जाती है न कि समझ ही नहीं आता और ईर्ष्या एक सीढ़ी और ऊपर चढ़ जाती है।

ईर्ष्या ही द्वेष का रास्ता है

जब व्यक्ति किसी दूसरे के पास वह देखता है, जिसे वह नही पा सका तब हृदय में उठने वाली टीस ईर्ष्या कहलाती है। यह क्षणिक होती है। लेकिन इसी भाव का विस्तार जब ज़्यादा विकृत रूप में होने लगता है और उस व्यक्ति को हानि पहुँचाने की इच्छा पनपने लगती है, वही द्वेष है।

अंश ने सोशल मीडिया पर अपने ऑफ़िस के साथी मयंक की विदेश में मनाई गयी छुट्टियों की तस्वीरें देखीं। ये मयंक के जीवन में बेहतरीन पल थे, वो पल जो जीवन में अनमोल होते हैं और वो बहुत ख़ुश दिख रहा था।

और यहाँ अंश अपने दिन के लंच में राजमा चावल खाते-खाते, सोशल मीडिया पर वो तस्वीरें देख रहा था। उसके बाद अगले दिन से अंश ऑफ़िस में बदल गया था, हर पल उसे लगने लगा कि मैं क्यों नहीं गया विदेश में छुट्टियाँ मनाने। मेरी तो सैलरी भी नहीं बढ़ती मेरा तो घर भी अच्छा नहीं है मेरी तो ज़िंदगी बेकार है। लेकिन अंश इन बुरे विचारों में ये भूल गया था कि सैलरी तो उसकी भी बढ़ी थी, लेकिन उतनी नहीं क्योंकि पिछले साल उसकी परफॉर्मेंस भी उतनी अच्छी नहीं थी।

अंश के दिमाग़ में पहले ईर्ष्या और फिर द्वेष नाम के दो वायरस घुस चुके थे जो पहले तुलना करवा रहे थे और फिर उसे अंदर ही अंदर छोटा महसूस करवा रहे थे।

अंश ने बदले हालातों में मयंक के विदेश से आने के बाद सिर्फ मयंक की बातों को काटना, मयंक की बॉस से ज़्यादा से ज़्यादा बुराई करना शुरू किया।

उस साल अपनी चालाकियों से अंश ने कुछ हासिल नहीं किया, उल्टा उसका जो टार्गेट वो जैसे-तैसे पूरा कर लेता था वो भी नहीं कर पाया और अगले साल अंश को नौकरी से निकाल दिया गया। जहाँ नयी नौकरी मिली वहाँ भी शुरुआत में सब ठीक चला। फिर एक दिन उसने अपने ऑफ़िस की साथी की एक पोस्ट सोशल मीडिया पर देखी, जिसमें उसने नया घर खरीदा था और फंक्शन की तस्वीरें पोस्ट की थीं। बस आप समझ ही जाओ कि अंश के साथ क्या हुआ होगा। वही चक्र फिर शुरू हो गया।

शायद, इसलिए किसी ने कहा था, किसी से द्वेष करने के लिए ये ज़िंदगी बहुत बड़ी है, इसलिए ख़ुद की ज़िंदगी में मस्त रहो, ख़ुश रहो। जब सारा ध्यान ख़ुद पर होगा, तो सबका ध्यान सिर्फ तुम पर होगा और जब तुम्हारा ध्यान सब पर होगा, तब तुम इस काबिल नहीं बन पाओगे कि किसी का भी ध्यान अपनी तरफ खींच पाओ।

बात थोड़ी उलझी-सी है, मगर सुलझाने के लिए पूरी ज़िंदगी सामने हैं क्योंकि ज़िंदगी किसी का बुरा चाहने के लिए नहीं, बल्कि ख़ुद को चाहने के लिए है।

आपने भी द्वेष के कारण कई सफल व्यक्तियों को असफल होते देखा होगा। द्वेष के प्रभाव से लोगों को अकेले होते देखा होगा। जिस-जिस ने द्वेष पाले हैं, उन्हें अर्श से फर्श पर आते देखा होगा। सही रूप में समझा जाए तो द्वेष ख़ुशी नहीं नफ़रत और पराजय देकर जाता है। **द्वेष की भावना जब आती है तो वह अपने साथ नकारात्मकता लेकर आती है और अंत में ढेरों परेशानियाँ ही देकर जाती है।** हम यह जितनी जल्दी समझ लें उतना ही अच्छा है कि हम जब तक द्वेष की भावना लेकर चल रहे हैं तब तक न हमारा हित होगा न ही हमसे किसी का हित होगा।

ज़रा सोचिए कि यदि आप अपने क्षेत्र में सफल नहीं हो पा रहे हैं तो उसके पीछे क्या कारण है? कहीं आप द्वेष की भावना मन में पाले हुए तो नहीं। यदि ऐसा है तो आज ही इस अपवित्र भावना को अपने अंदर से निकालना होगा। **दूसरों के प्रति द्वेष की जगह हमेशा प्रेम भाव रखें, जीवन का असली आनंद इसी में है।**

इस सच को हम कभी नकार नहीं सकते कि शरीर सिर्फ़ एक कठपुतली मात्र है। जिस तरह एक कठपुतली के हर एक अंग की डोरी किसी एक अलग ऊँगली से बंधी होती है और वो उसी ऊँगली के इशारे पर नाचती है, उसी तरह इंसानी शरीर है, जिसकी तरह-तरह की भावना, उसके वो अलग-अलग अंग हैं, जो उसे हरदम नचाते रहते है। जैसे- दुख, ख़ुशी, घृणा, क्रोध, आश्चर्य, करुणा, भय, शर्म, द्वेष इत्यादि। ये सभी हमारे शरीर को इस तरह से जकड़ के रखती हैं कि हम इन्हीं भावनाओं की ताल पर नाचते रह जाते हैं।

वैसे कभी सोचा है, ये भावनाएँ क्या हैं?

बड़ा अजीब-सा सवाल है, मगर मुझे लगता है, भावनाएँ एहसास हैं, ताकि व्यक्ति जीवन के हर एक लम्हे को महसूस कर सके। ये भावना ज़रूरी भी है, मगर इंसान के लिए उतनी ही ख़तरनाक भी है। इनमें से कुछ भावनाएँ तो ऐसी हैं, जो इंसान के जीवन को पूरी तरह से बर्बाद कर सकती है। जैसे नकारात्मकता, घृणा, क्रोध ये सभी भावनाएँ बेहद ख़तरनाक किस्म की भावनाएँ है, मगर इन सब में द्वेष की भावना एक ऐसी भावना है, जो व्यक्ति के ख़ुशनुमा जीवन में आग लगा सकती है।

माना जाता है कि हम जैसा सोचते हैं, जैसा बोलते हैं, जैसा चाहते हैं, हमारी वैसी ही ऊर्जा ब्रह्माँड तक पहुँचती है और हमारी ऊर्जा के अनुसार ब्रह्माँड अपना गणित बैठाकर, हमें चीजें लौटाकर देता है। शायद, इसलिए संत कबीर दास जी ने पंद्रहवीं सदी में ही ऐसा कह दिया था

कबिरा खड़ा बजार में, माँगे सबकी खैर
ना काहू से दोस्ती, ना काहू से बैर।

इस दोहे का सबसे आसान अर्थ तो यही निकलता है कि संत कबीरदास बाज़ार में खड़े होकर दुनिया को देख रहे हैं और सबकी सलामती की दुआ कर रहे हैं। ऐसे में, न तो उनके दिल में किसी के लिए दोस्ती का भाव है और न ही दुश्मनी का। ये दोहा पंद्रहवीं सदी का है, अब अगर इस दोहे को आज के ज़माने के हिसाब से समझें, तो बड़ा ही सीधा और सरल-सा मतलब है, जैसे- न किसी से दोस्ती और न ही किसी से दुश्मनी, जब हृदय में ऐसी भावना होती है तब सिर्फ़ यही बात समझ में आती है कि ये ज़िंदगी हमारी है और जब ये ज़िंदगी हमारी है, तो फिर किसी दूसरे पर हम अपनी ऊर्जा, अपनी सोच, अपनी ज़िंदगी क्यों बर्बाद करें। अपने जीवन को, अपने मुताबिक़, अपने हिसाब से जीना ही जीवन का सच्चा मक़सद होना चाहिए।

ख़त्म कर दो ईर्ष्या को लेकिन शांति से

राजा देवराज के राज्य में जयपाल नामक एक व्यक्ति रहा करता था। वह एक सफल मूर्तिकार था। उसकी कला से प्रसन्न होकर राजा देवराज ने उसे अपने राजकारीगरों में शामिल कर लिया था। एक बार देवराज ने जयपाल से ऐसी मूर्ति बनाने को कहा जो सर्वश्रेष्ठ हो।

राजा का आदेश पाकर जयपाल मूर्ति बनाने में जुट गया। कई दिनों की मेहनत के बाद उसने एक बहुत ही सुन्दर मूर्ति बनायी। मूर्ति किसी देवी की थी। देखने में लगता मानो कोई जीवित स्त्री ही देवी का रूप धारण कर बैठी है। सभी दरबारी मूर्ति की सजीवता से प्रभावित हुए बिना न रह सके।

जयपाल की कला से प्रसन्न होकर राजा ने उसे दो ऊँट, सोने के सिक्के और कई एकड़ खेत पुरस्कार स्वरूप दिये। इतना इनाम कभी उसको नहीं मिला था। राजदरबार के अन्य मूर्तिकार इस घटना के बाद से जयपाल से ईर्ष्या करने लगे। वे ईर्ष्यावश जयपाल की कुशलता पर संदेह करते और उसकी बनायी मूर्ति में कोई न कोई ग़लती निकालते।

बात राजा के कानों तक जा पहुँची। राजा ने एक दिन सभी मूर्तिकारों को बुलवाया और मूर्ति की त्रुटियों को जानना चाहा। मूर्तिकारों ने मौके का फ़ायदा उठाया और मूर्ति की त्रुटियों का बखान करने लगे। कोई कहता मूर्ति की नाक ठीक नहीं है तो कोई कहता कि मूर्ति का कुण्डल ठीक नहीं बना है।

कोई मूर्ति की वस्त्र सज्जा ठीक नहीं है कहते। राजा देवराज जयपाल की कला से पूर्णतः सन्तुष्ट था किन्तु अन्य मूर्तिकारों को अप्रसन्न भी नहीं करना चाहता था। उसने जयपाल से मूर्तिकारों द्वारा बतायी गयी त्रुटियों को दूर करने को कहा।

जयपाल जानता था कि यह सब मूर्तिकारों की ईर्ष्या का परिणाम है। लेकिन वह चुप रहा। उसने राजा से मूर्ति को सुधारने के लिए पंद्रह दिन का समय तथा एक बड़े कमरे की व्यवस्था करने को कहा जिसमें वह बिना बंधन के मूर्ति को सुधारने का कार्य कर सके। उसने राजा से यह भी कहा कि जब तक वह मूर्ति को पूरी तरह सुधार न ले कोई उसके कमरे में प्रवेश न करे।

राजा देवराज ने उसकी शर्तें मान लीं और उसके लिए एक बड़े कमरे की व्यवस्था कर दी। जयपाल प्रतिदिन सुबह ही अपने कमरे में घुस जाता और रात को काफी देर बाद निकलता। पूरे समय वह छेनी हथौड़ी से खट् खट् करता रहता। अन्य मूर्तिकार आते-जाते खट् खट् की आवाज़ सुनकर अनुमान लगाते कि जयपाल मूर्ति को सुधार रहा है।

ठीक पंद्रहवें दिन जयपाल ने मूर्ति को श्रमिकों की सहायता से बाहर निकाला और राजा तथा राज मूर्तिकारों को देखने के लिए आमंत्रित किया। मूर्तिकारों ने जब मूर्ति को देखा तो चकित रह गये। उन्होंने सोचा था कि मूर्ति को सुधारने के प्रयास में जयपाल उसे और ख़राब कर देगा। लेकिन ऐसा कुछ भी नहीं हुआ। अब उनके पास मूर्ति की प्रशंसा करने के सिवाय कोई चारा न था।

राजा देवराज भी मूर्ति को देखने के लिए पहुँचा। जब सारे मूर्तिकार चले गये तो राजा ने मूर्ति को ध्यान से देखते हुए कहा, जयपाल तुम पंद्रह दिन तक

मूर्ति को सुधारने में लगे रहे किन्तु मुझे मूर्ति में कोई परिवर्तन नहीं दिखाई दिया। जैसे यह पहले थी वैसी ही अब भी है। क्या तुमने वास्तव में इसमें कुछ परिवर्तन किया है?

'नहीं महाराज इस मूर्ति में मैंने ज़रा भी सुधार नहीं किया है। क्योंकि इसमें सुधार की आवश्यकता ही नहीं थी। राजमूर्तिकार रूष्ट न हों इसलिए मैं बिना कारण ही कमरे में खट् खट् करता रहा।' जयपाल ने हाथ जोड़कर कहा।

जयपाल का उत्तर सुनकर राजा देवराज बहुत प्रभावित हुआ। उसने कहा, 'सचमुच तुम जितने कुशल मूर्तिकार हो उतने ही सरल और शान्तिप्रिय भी। तुमने ईर्ष्या का बदला शान्ति से लिया। विपक्षी को कष्ट देने के स्थान पर तुमने स्वंय को पंद्रह दिन कैद में रखा। आज से मैं तुम्हें अपना राजमूर्तिकार नियुक्त करता हूँ।'

शांत रहिए जब कोई आपसे ईर्ष्या करे और तब भी शांत रहिए जब आपके मन में किसी के लिए ईर्ष्या का भाव आने लगे। याद रखना ईर्ष्या जो कि द्वेष की शुरुआत है, वो सिर्फ इसलिए आती है क्योंकि जीवन भर हम क्या चाहते हैं हमें पता ही नहीं चल पाता हम सिर्फ़ दूसरों के पीछे भाग रहे होते हैं, उनके जैसा जीना चाहते हैं। भूल जाते हैं कि हम सब उनकी संतानें हैं जिन्होंने इस सृष्टि को बनाया और जिसने सृष्टि बनाई वो हमें कितना कुछ दे सकता है बस हमारी दिक्कत ये है कि हम पास वालों से थोड़ा-सा ज़्यादा पाकर ख़ुश हो जाते हैं और अगर हमारे आसपास वाले थोड़ा-सा ज़्यादा पा जाएं तो दुखी हो जाते हैं। **अनंत ब्रह्माँड की शक्तियों से अनंत की चाहत रखिए,** वो अनंत जिसे शांति कहते हैं, जिसके बाद कुछ पाने की चाहत नहीं रहती, ये ईर्ष्या द्वेष जैसे विकार तो यूँ ही ख़त्म हो जाएंगे।

10

इच्छाशक्ति

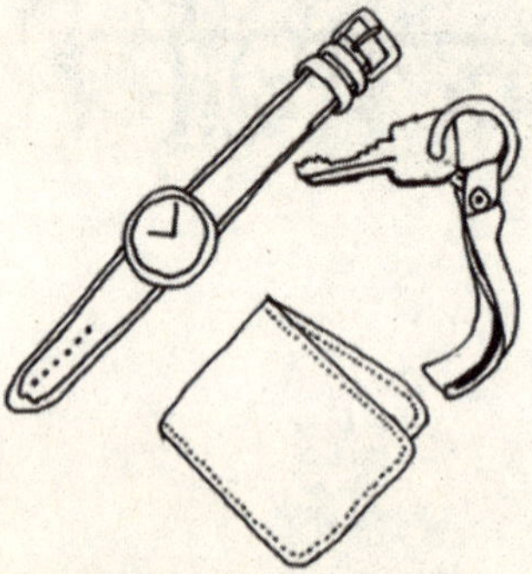

चाहतें हों पक्की तो मंज़र बदल जायेंगे,
वरना ख़्वाब अधूरे ही धुंध में खो जायेंगे

दुनिया में इतनी सारी शक्तियाँ हैं लेकिन अगर आप मुझसे कहेंगे कि आपको कौन-सी शक्ति चाहिए तो मेरा जवाब होगा इच्छाशक्ति। दुनिया में अनगिनत शक्तियाँ हैं, जैसे ज्ञान, समृद्धि, साहस, प्रेम और सुंदरता, लेकिन इनमें से कोई भी शक्ति केवल एक शर्त पर सफल हो सकती है- इच्छाशक्ति। इच्छाशक्ति वो शक्ति है जो हमें अपने सपनों और लक्ष्यों की ओर अग्रसर करती है। यह एक आंतरिक ऊर्जा है, जो हमें विपरीत परिस्थितियों में भी संघर्ष करने की ताक़त देती है।

जब इंसान के पास इच्छाशक्ति होती है, तो वह किसी भी शक्ति को प्राप्त कर सकता है। **अगर कोई व्यक्ति अपने भीतर दृढ़ इच्छाशक्ति को जगाता है, तो वह आत्मविश्वास और साहस से भरा होता है।** वह किसी भी कठिनाई से डरने की बजाय, उसे अवसर की तरह देखता है।

दशरथ माँझी के पहाड़ तोड़ने से लेकर नीरज चोपड़ा के ओलिंपिक में स्वर्ण पदक तक, दुनिया में कई उदाहरण हैं जो यह साबित करते हैं कि मज़बूत इच्छाशक्ति और दृढ़ निश्चय से सफलता की कहानी लिखी जा सकती है। इन लोगों ने अपनी मेहनत और समर्पण से इतिहास रचा, लेकिन हमारी सबसे बड़ी समस्या यह है कि आज हम सही प्रेरणा और आदर्श चुनने में चूक जाते हैं। न तो हम सही नायक पहचान पाते हैं और न ही उनके दिखाये रास्ते पर चल पाते हैं।

दुनिया में सबसे ज़्यादा ओलिंपिक मेडल्स जीतने वाले तैराक माइकल फेल्प्स का बचपन संघर्षों और चुनौतियों से भरा था। किंडरगार्टन में ही उनके शिक्षकों ने उनकी माँ, जो ख़ुद एक शिक्षिका थीं, से कहा, "आपका बेटा कभी किसी चीज़ पर ध्यान केंद्रित नहीं कर पायेगा।" फेल्प्स बचपन में शरारती थे और हर समय ध्यान का केंद्र बनना चाहते थे।

साइंस क्लास में, उन्होंने एक बार सभी प्राकृतिक गैस बर्नर चालू कर दिए ताकि गंध से उनके सहपाठी परेशान हों। स्कूल के टैलेंट शो में उन्होंने करतब दिखाने के लिए अपना नाम लिखवाया, जबकि उन्हें इस बारे में कुछ भी नहीं आता था। वह स्थिर होकर बैठ ही नहीं सकते थे। उन्होंने अपनी आत्मकथा "बिनीथ द सरफेस" में लिखा है, "मेरे लिए एक समय में एक ही चीज़ पर ध्यान केंद्रित करना मुश्किल था। मुझे हर चीज़ के बीच में रहना पड़ता था।"

उनकी माँ ने उन्हें तैराकी की ओर इसलिए प्रेरित किया क्योंकि उनकी दोनों बड़ी बहनें स्विमिंग क्लब में थीं। लेकिन फेल्प्स ने पहले दिन से ही पानी को नापसंद किया। उन्होंने अपनी किताब में लिखा, "मैंने तैराकी से नफ़रत की। मैं चीखता, चिल्लाता, चश्मा फेंकता, और पूल से बाहर आ जाता।"

फिर भी, अभ्यास के दौरान, धीरे-धीरे फेल्प्स ने पानी में ख़ुद को सहज महसूस करना शुरू कर दिया। उन्होंने अपनी इच्छाशक्ति का सही प्रयोग करना शुरू किया। वह कहते हैं, "जब मैंने तैरना सीख लिया, तो मुझे बहुत आज़ादी का अनुभव हुआ। पानी में, मेरा दिमाग़ धीमा हो जाता था और मैं पहली बार नियंत्रण में महसूस करता था।"

उनकी माँ को उनकी तैराकी बेहद पसंद आयी क्योंकि वह चाहती थीं कि उनकी अतिरिक्त ऊर्जा का सही इस्तेमाल हो। पूल में बिताये गये तीन घंटे उनके लिए शांति और संतुलन लाते थे। छठी कक्षा में फेल्प्स को एडीएचडी (ध्यान केंद्रित करने में कठिनाई) का पता चला, लेकिन पूल उनके लिए एक शरणस्थली बन गया।

सिर्फ़ 10 साल की उम्र में फेल्प्स राष्ट्रीय स्तर के तैराक बन गये और जल्द ही उनकी प्रतिभा ने ओलंपिक तक का रास्ता बना दिया। आगे चलकर उन्होंने कुल 28 ओलंपिक पदक जीते, जिनमें 23 स्वर्ण पदक शामिल हैं। यह उपलब्धि उन्हें दुनिया का सबसे सफल ओलंपियन बनाती है।

जीवन में इच्छाशक्ति ही वह ताक़त है जो असंभव को भी संभव बना सकती है। चाहे चुनौतियाँ कितनी भी कठिन क्यों न हों, यदि हमारे अंदर दृढ़ संकल्प और ख़ुद पर विश्वास है, तो हम अपने सपनों को साकार कर सकते हैं। फेल्प्स ने न केवल अपने डर और कमज़ोरियों को हराया, बल्कि दुनिया के सामने यह साबित किया कि इच्छाशक्ति के साथ हर बाधा को पार किया जा सकता है। उनके शब्दों में, **"जहाँ मेहनत और जुनून है, वहाँ असफलता के लिए कोई जगह नहीं।"**

ज्ञान के बिना कोई भी कार्य अधूरा रह सकता है, परन्तु इच्छाशक्ति उस ज्ञान को वास्तविकता में बदल देती है। इच्छाशक्ति व्यक्ति को अपने सपनों को साकार करने का साहस देती है। यह न केवल बाहरी सफलता, बल्कि आत्मिक संतोष भी प्रदान करती है।

इच्छाशक्ति एक ऐसी आग है जो किसी भी चुनौती के सामने ठंडे होने से बचती है। यह न केवल हमारी बाहरी दुनिया, बल्कि आंतरिक दुनिया को भी बदलने की क्षमता रखती है। जब तक हमारे पास इच्छाशक्ति है, तब तक हम असंभव को संभव बना सकते हैं।

इच्छाशक्ति हमारी आत्मा का सत्य है, जो हमें निरंतर आगे बढ़ने के लिए प्रेरित करती है। यह किसी भी परिस्थिति में हार मानने के बजाय, उसे पार करने की शक्ति प्रदान करती है। इसलिए, यदि आप मुझसे पूछें कि कौन-सी शक्ति चाहिए, तो मेरा उत्तर होगा, "इच्छाशक्ति"। यह शक्ति सबसे महान है, क्योंकि इससे हर दूसरी शक्ति का रास्ता खुलता है।

किसी ने बड़े कमाल की बात कही है कि-

चाहतें हों पक्की, तो मंज़र बदल जाएंगे,
वरना ख़्वाब अधूरे ही, धुंध में खो जाएंगे!

इच्छाशक्ति और निर्वाण

राजकुमार सिद्धार्थ, जो बाद में भगवान गौतम बुद्ध के नाम से जाने गये, संसार में परम ज्ञान प्राप्त करने के लिए लगभग छह वर्षों तक भटकते रहे। इस दौरान उन्होंने उस समय के महान ऋषियों, साधुओं, योगियों और ज्ञानी व्यक्तियों की शरण ली।

प्रसिद्ध कथा है कि उनके अंतिम गुरु ने उन्हें सलाह दी थी कि यदि तुम संसार का परम ज्ञान प्राप्त करना चाहते हो, तो भोजन में धीरे-धीरे कटौती करते जाओ। जब तुम केवल एक चावल के दाने पर टिक जाओगे, तब ज्ञान प्राप्त होगा। ज्ञान की तीव्र लालसा में सिद्धार्थ ने वैसा ही किया। लगातार तपस्या करते हुए वे शारीरिक रूप से इतने कमज़ोर हो गये कि उनका पूरा शरीर हड्डियों का ढाँचा मात्र रह गया था।

एक दिन, जब वे एक बहती नदी को पार करने का प्रयास कर रहे थे, तो कमज़ोरी के कारण वे पानी की धारा में बहने लगे। बड़ी कठिनाई से एक पत्थर को पकड़कर उन्होंने अपनी जान बचाई। थके-हारे वह आज के बिहार राज्य में स्थित बोधगया पहुँचे और वहाँ एक पीपल के पेड़ के नीचे जा बैठे।

उसी समय, बोधगया के एक गाँव की सुजाता नामक महिला ने एक पुत्र को जन्म दिया था। पुत्र प्राप्ति की ख़ुशी में उसने ग्राम के देवी-देवताओं को दूध और चावल से बनी खीर का भोग देने का निश्चय किया। जब सुजाता ने तपस्वी सिद्धार्थ को देखा, तो उनके कमज़ोर और कंकाल जैसे शरीर को देखकर उसे गहरी करुणा हुई। उसने अपने भोग का पात्र सिद्धार्थ के सामने रखते हुए कहा, "जैसे मेरी मनोकामना पूरी हुई है, वैसे ही तुम्हारी भी हो।"

खीर का सेवन करने के बाद सिद्धार्थ को अपने शरीर और मन में तृप्ति का अनुभव हुआ। शरीर को ऊर्जा मिली और मन में एक दृढ़ संकल्प उत्पन्न हुआ। उन्होंने तय किया, "अब चाहे मैं जीवित रहूँ या मर जाऊँ, जब तक ज्ञान प्राप्त नहीं होगा, तब तक मैं यहाँ से नहीं उठूंगा।"

इसके बाद सिद्धार्थ ने पीपल के पेड़ के नीचे समाधि लगाई। इस अवस्था में वे छह दिन और छह रात तक रहे। सातवें दिन, जब भोर की पहली किरण फूटी, तो एक पल में उन्हें परम ज्ञान की प्राप्ति हुई। यह वह क्षण था, जब सिद्धार्थ "बुद्ध" बन गये। भगवान गौतम बुद्ध जिन्होंने हम मनुष्यों को निर्वाण तक पहुँचने का मार्ग दिखाया।

यह कथा उनकी इच्छाशक्ति की पराकाष्ठा को दर्शाती है, बल्कि यह भी सिखाती है कि **दृढ़ संकल्प और तपस्या से कोई भी लक्ष्य प्राप्त किया जा सकता है।**

इच्छाशक्ति क्यूँ नहीं मिलती?

इच्छाशक्ति एक मानसिक और भावनात्मक ताक़त है, जो किसी लक्ष्य को हासिल करने के लिए आत्म-नियंत्रण और दृढ़ता का निर्माण करती है। लेकिन कुछ लोग इसे विकसित नहीं कर पाते, जिसके कई कारण हो सकते हैं:

1. **स्पष्ट लक्ष्य का अभाव**

   यदि किसी व्यक्ति के जीवन में स्पष्ट उद्देश्य या लक्ष्य नहीं है, तो इच्छाशक्ति का विकास करना मुश्किल हो जाता है।

2. **आत्म-विश्वास की कमी**

   आत्म-विश्वास की कमी से व्यक्ति अपने निर्णयों पर भरोसा नहीं कर पाता, जिससे उसकी इच्छाशक्ति कमज़ोर रहती है।

3. **अनुशासनहीनता**

   बिना अनुशासन के इच्छाशक्ति मज़बूत नहीं हो सकती। आलस्य और टालमटोल इच्छाशक्ति को कमज़ोर कर देते हैं।

4. छोटी उपलब्धियों को न पहचानना

कुछ लोग अपने छोटे-छोटे प्रयासों को महत्त्व नहीं देते, जिससे उन्हें आगे बढ़ने की ऊर्जा नहीं मिलती।

5. कठिनाइयों से डरना

कुछ लोग संघर्ष से घबरा जाते हैं और छोटी-छोटी असफलताओं से टूट जाते हैं। यह उनकी इच्छाशक्ति को कमज़ोर करता है।

6. प्रेरणा की कमी

अगर व्यक्ति के जीवन में प्रेरणा नहीं है, तो इच्छाशक्ति का विकास करना मुश्किल हो जाता है।

7. मानसिक और शारीरिक थकान

लगातार तनाव और थकान भी इच्छाशक्ति को कमज़ोर कर देते हैं।

इच्छाशक्ति का विकास न होना व्यक्ति की सोच, आदतों और दृष्टिकोण पर निर्भर करता है। इसे मज़बूत करने के लिए अनुशासन, आत्म-विश्वास, और सकारात्मक सोच को अपनाना ज़रूरी है। इच्छाशक्ति कोई जन्मजात गुण नहीं, बल्कि यह अभ्यास और सही दृष्टिकोण से विकसित की जा सकती है।

इच्छाशक्ति से नयी ऊँचाई छूने की प्रेरक कहानी

यह कहानी है एक ऐसे व्यक्ति की, जिसका जन्म किसी सामान्य बच्चे की तरह नहीं हुआ। जब वह पैदा हुआ तो माता-पिता ख़ुश होने की जगह रो पड़े। यह कहानी है निक वुईचिच की, जिन्होंने अपनी शारीरिक सीमाओं को ताक़त में बदलकर दुनिया को प्रेरणा दी। निक का जन्म 1982 में ऑस्ट्रेलिया के मेलबर्न में हुआ। उनका जन्म टेट्रा-अमेलिया सिंड्रोम नामक दुर्लभ बीमारी के साथ हुआ था। इस बीमारी के कारण उनके शरीर में हाथ और पैर नहीं

थे। उनके माता-पिता, जो यूगोस्लाविया से आये प्रवासी थे, इस सच्चाई को स्वीकार करने में असमर्थ थे। उनकी माँ ने जन्म के तुरंत बाद उन्हें देखने तक से इनकार कर दिया।

निक का बचपन चुनौतियों से भरा हुआ था। उनकी शारीरिक स्थिति के कारण उन्हें स्कूल में तंग किया जाता था। बच्चे उनका मज़ाक उड़ाते और उनका उपहास करते। इस बेरुख़ी ने निक को अंदर से तोड़ दिया। उन्होंने महसूस किया कि वे दूसरों के लिए बोझ बन गये हैं।

निक के जीवन में एक समय ऐसा भी आया, जब उन्होंने आत्महत्या करने का प्रयास किया। लेकिन उसी समय उनके अंदर एक आवाज़ ने उन्हें यह एहसास दिलाया कि जीवन को ख़त्म करना समाधान नहीं है। उन्होंने सोचा कि उनकी ज़िंदगी किसी उद्देश्य के लिए है।

निक ने ख़ुद को पूरी तरह स्वीकार किया और अपनी कमज़ोरी को अपनी ताक़त में बदलने का संकल्प लिया। उन्होंने महसूस किया कि उनकी शारीरिक विकलांगता उनके सपनों को पूरा करने की राह में बाधा नहीं बन सकती।

निक ने अपनी पढ़ाई पूरी की और विज्ञान, मनोविज्ञान, और सामाजिक कार्य में डिग्री हासिल की। उन्होंने ख़ुद को मोटिवेशनल स्पीकर के रूप में स्थापित किया और स्कूलों, कॉलेजों, चर्चों, और कंपनियों में प्रेरणादायक भाषण देना शुरू किया।

उनके प्रेरणादायक संवादों में से मेरी पसंदीदा पंक्ति है-

यक़ीन करिये उम्मीद खोना,
हाथ पाँव खोने से कहीं अधिक बुरा है।

अपनी उम्मीदों और इच्छाशक्ति के सहारे निक ने न केवल शारीरिक विकलांगता को पार किया, बल्कि उन्होंने समाज में अपनी अलग पहचान

बनाई। निक ने अपने जीवन को इस तरह से जिया कि वह दूसरों के लिए प्रेरणा बन गये। उन्होंने सर्फिंग, स्कूबा डाइविंग जैसी साहसिक गतिविधियों में हिस्सा लिया और यह साबित किया कि शारीरिक सीमाएँ केवल हमारे मन की बनाई हुई बाधाएँ हैं।

आज निक वुईचिच लाखों लोगों के लिए प्रेरणास्त्रोत हैं। उनकी कहानी हमें यह सिखाती है कि अगर हमारे पास इच्छाशक्ति और आत्मविश्वास हो, तो हम किसी भी कठिनाई को पार कर सकते हैं। निक का जीवन इस बात का प्रमाण है कि शारीरिक विकलांगता या जीवन की कठिनाइयाँ हमें रोक नहीं सकतीं। उनके शब्द हर किसी के लिए प्रेरणा बनते हैं: **"आपकी इच्छाशक्ति और आत्मविश्वास ही आपकी सबसे बड़ी ताक़त हैं। अगर आप ख़ुद पर भरोसा करते हैं, तो कोई भी मुश्किल राह आपके सपनों तक पहुँचने से आपको रोक नहीं सकती।"**

इच्छाशक्ति का रहस्य

एक बार महान दार्शनिक सुकरात के पास एक युवक आया। उसने सुकरात से पूछा, "गुरुदेव, कृपया बताइये, इच्छाशक्ति को कैसे मज़बूत बनाया जा सकता है?" सुकरात ने उसकी बात सुनी और मुस्कुराते हुए कहा, "मैं तुम्हें इसका उत्तर दूँगा, लेकिन पहले कल सुबह नदी किनारे मुझसे मिलो।"

युवक को पूरा विश्वास था कि सुकरात उसे उसके सवाल का सही उत्तर देंगे। अगले दिन, वह समय पर नदी किनारे पहुँच गया। सुकरात वहाँ पहले से मौजूद थे। उन्होंने युवक को नदी में चलने के लिए कहा। युवक थोड़ा हैरान हुआ, लेकिन उसने सुकरात का आदेश मान लिया।

दोनों धीरे-धीरे नदी में आगे बढ़ने लगे। पानी पहले पैरों तक था, फिर घुटनों तक, और धीरे-धीरे गले तक पहुँच गया। तभी अचानक सुकरात ने युवक का सिर पकड़ा और उसे पानी में डुबो दिया।

युवक पानी के भीतर तड़पने लगा। वह बाहर निकलने के लिए संघर्ष कर रहा था, लेकिन सुकरात ने उसे कसकर पकड़े रखा। जब युवक का दम लगभग घुटने लगा, और वह नीला पड़ने लगा, तो सुकरात ने उसे बाहर

निकाल दिया। बाहर आते ही युवक ज़ोर-ज़ोर से हाँफने लगा और गहरी साँसें लेने लगा।

सुकरात ने शांत स्वर में उससे पूछा, "जब तुम पानी के भीतर थे, उस समय तुम्हें सबसे ज़्यादा क्या चाहिए था?" युवक ने बिना सोचे तुरंत जवाब दिया, "साँस लेना।"

सुकरात ने मुस्कुराते हुए कहा, "यही इच्छाशक्ति का रहस्य है। जब किसी लक्ष्य को पाने की इच्छा तुम्हारे अंदर इतनी प्रबल हो जाए, जितनी साँस लेने की थी, तो तुम्हारी इच्छाशक्ति अटूट हो जाएगी। जब तुम्हारा संकल्प इतना मज़बूत होगा कि तुम किसी भी बाधा से डरोगे नहीं, तब तुम असंभव को भी संभव कर सकते हो।"

युवक ने सुकरात की बात को समझ लिया। वह जान चुका था कि इच्छाशक्ति तब प्रबल होती है, जब हम अपने लक्ष्य के लिए पूरी तरह समर्पित हो जाते हैं।

इच्छाशक्ति को संकल्प में बदलने के लिए क्या करें?

इच्छाशक्ति हमारे भीतर छिपी हुई एक ताक़त है, लेकिन इसे संकल्प में बदलने के लिए इसे दिशा देना और इसे मज़बूत बनाना ज़रूरी है। इच्छाशक्ति को संकल्प में बदलने का मतलब है अपनी ऊर्जा को एक लक्ष्य की ओर केंद्रित करना और उसे दृढ़ निश्चय के साथ प्राप्त करना। अब सवाल उठता है संकल्प में इच्छाशक्ति बदलेगी कैसे ?

1. स्पष्ट लक्ष्य तय करें कि करना क्या है?

आपकी इच्छाशक्ति को मज़बूत बनाने के लिए सबसे पहला कदम है अपने लक्ष्य को स्पष्ट करना। जब आपका लक्ष्य स्पष्ट होगा, तो आप अपनी ऊर्जा और ध्यान उसी पर केंद्रित कर पायेंगे। अस्पष्ट इच्छाएँ कभी संकल्प नहीं बनतीं।

2. आत्मविश्लेषण करें

अपने आप से पूछें कि आप वास्तव में क्या चाहते हैं और क्यों चाहते हैं। जब आपका "क्यूँ" मज़बूत होगा, तो इच्छाशक्ति को संकल्प में बदलना आसान हो जाएगा। यह प्रक्रिया आपके भीतर के संदेहों को दूर करती है।

3. योजना बनायें

सिर्फ इच्छा करना पर्याप्त नहीं है। उसे पूरा करने के लिए एक ठोस योजना बनायें। अपनी योजना को छोटे-छोटे चरणों में बांटें, ताकि आप प्रगति को माप सकें ताकि इच्छाशक्ति को संकल्प में बदलने की प्रेरणा बनी रहे।

4. निरंतरता लायें

इच्छाशक्ति को मज़बूत बनाने के लिए नियमित अभ्यास ज़रूरी है। जैसे व्यायाम से माँसपेशियाँ मज़बूत होती हैं, वैसे ही अभ्यास से इच्छाशक्ति दृढ़ होती है। छोटे-छोटे संकल्प लें और उन्हें पूरा करने की आदत डालें।

5. प्रेरणा स्रोत खोजें

ऐसे लोगों की कहानियाँ पढ़ें या वीडियो देखें जिन्होंने इच्छाशक्ति के दम पर असंभव को संभव बनाया। ये कहानियाँ आपको प्रेरित करेंगी और आपकी ऊर्जा को बनाये रखेंगी।

और हाँ याद रखिए सिर्फ़ इच्छा करने से कुछ नहीं होता, दुनिया में हर मनुष्य हर पल, हर क्षण कोई न कोई इच्छा कर ही रहा होता है। लेकिन **हर इच्छा वास्तविकता में नहीं बदलती, क्यूँकि हर इच्छा को शक्ति नहीं मिल पाती।** हम इंसानों ने अब तक जो भी कमाल कर दिखाये हैं, उन सबके पीछे किसी के दिमाग़ की इच्छा ही रही है जिसे संकल्प की शक्ति मिली और इंसान ने असंभव भी संभव कर दिखाया है।

11

परिवार

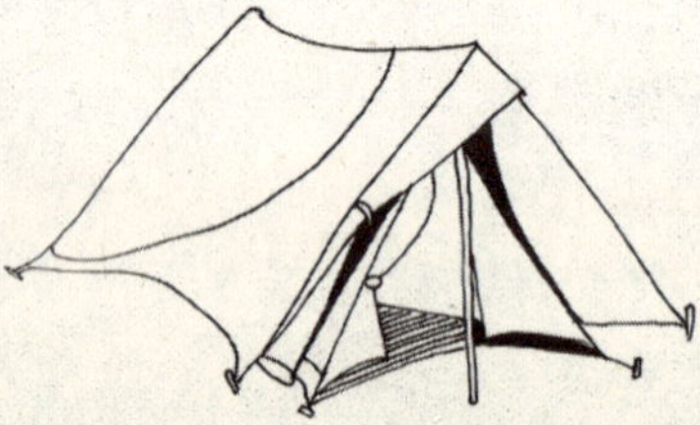

जब से सबके अपने-अपने मकान हो गये
बचपन में साथ खेलने वाले भाई भी एक
दूसरे के मेहमान हो गये!

कई लोग कहते हुए सुनाई देते हैं यू आर लाइक माय फैमिली !! अरे ये तो घर की बात है, आप तो घर जैसे हो। लेकिन अपने ही घर में हालात उनके ऐसे बने होते हैं, जिसमें वो कह रहे होते हैं कि घर से दूर चले जाना है। अपने ही परिवार से दूर भागकर किसी अनजाने को परिवार जैसा कहने लग जाते हैं।

लेकिन क्या आपने सोचा है कि जो असली घर है, जहाँ बचपन बीता, जहाँ हर दीवार पर आपकी यादें हैं, जहाँ हर कोने में आपके सपने पले-बढ़े, उसी घर से दूर जाने की चाह क्यों पैदा हो जाती है?

असल में, घर में रहते हुए हमें रिश्तों की गर्माहट का एहसास कम होता है। हम अपने माता-पिता, भाई-बहन या परिवार के अन्य सदस्यों को साधारण समझने लगते हैं। उनकी सलाह, उनका प्यार, उनका डांटना-सब हमें बोझ-सा लगने लगता है। हम यह सोचने लगते हैं कि कहीं और जाकर हमें ज़्यादा आज़ादी मिलेगी, ज़्यादा समझने वाले लोग मिलेंगे। यही कारण है कि आज "घर से दूर चले जाना है" जैसी सोच आम होती जा रही है।

दूसरी तरफ़, जब हम अपने परिवार से दूर होते हैं, तब समझ आता है कि जो अपनापन हम बाहर तलाश रहे थे, वो कहीं और नहीं, बल्कि हमारे अपने घर में था। जिन रिश्तों से भागने की कोशिश की, वही हमारे लिए सबसे बड़ी ताक़त थे। बाहर की दुनिया आपको कुछ समय के लिए अपनापन महसूस करा सकती है, लेकिन वो स्थायी नहीं होता।

आज लोग दोस्तों, सहकर्मियों, या अजनबियों में "परिवार जैसा" अपनापन खोजने लगते हैं। "तू तो मेरे भाई जैसा है," या "आप तो मेरी बहन जैसी हो" जैसे वाक्य आम हो गये हैं। लेकिन क्या यह सच में परिवार का विकल्प बन सकते हैं? शायद नहीं। क्योंकि **परिवार वह रिश्ता है जो जन्म से**

जुड़ा है, जिसमें ख़ून का नाता है, जिसमें बिना कहे भी आपकी भावनाओं को समझ लिया जाता है।

तो सवाल यह उठता है कि ऐसा क्यों होता है? क्यों अपने घर की दीवारें क़ैद जैसी लगने लगती हैं और बाहर की दुनिया आज़ादी का एहसास दिलाती है? असल में, घर में हमसे उम्मीदें जुड़ी होती हैं। हमें यह सिखाया जाता है कि परिवार के लिए ज़िम्मेदारियाँ निभानी हैं, एक-दूसरे का ख़्याल रखना है। और हम इन उम्मीदों से घबरा जाते हैं। जबकि बाहर की दुनिया में हमें कोई जवाबदेही नहीं निभानी पड़ती।

पर सच्चाई यह है कि जिन रिश्तों से आप भाग रहे हैं, वो ही आपकी असली पहचान हैं। वो ही आपको बिना शर्त प्यार करते हैं। जब दुनिया का कोई रिश्ता आपको निराश कर देता है, तो वही परिवार है जो आपके आँसू पोंछने के लिए खड़ा रहता है।

इसलिए, अगर आज आपके घर में ऐसा माहौल है जहाँ आप घुटन महसूस कर रहे हैं, तो सोचिये, बात करिये, समस्याओं को सुलझाइये। घर से दूर जाने की जगह, अपने रिश्तों को और गहराई से समझने की कोशिश करिये। क्योंकि **बाहर की दुनिया में "घर जैसा" तो मिल सकता है, पर "घर" नहीं।**

किसी ने बड़े कमाल की बात कही है कि-

जब से सबके अपने-अपने मकान हो गये
बचपन में साथ खेलने वाले भाई भी एक दूसरे
के मेहमान हो गये !!

एक बड़े कमाल की कहानी मेरी दादी जी मुझे सुनाती थीं कि एक बार दो भाई थे, एक-दूसरे से ख़ून का रिश्ता था, लेकिन समय के साथ उनके बीच दरारें बढ़ने लगी थीं। दोनों भाई एक ही घर में रहते हुए भी पूरी तरह से अलग हो गये थे। बड़ा भाई ग्राउण्ड फ्लोर पर रहता था और छोटा भाई

फर्स्ट फ्लोर पर। छोटे भाई को अपने फ्लोर तक पहुँचने के लिए बाहर की सीढ़ियों का इस्तेमाल करना पड़ता था, जिससे वह कभी भी अपने भाई के क़रीब महसूस नहीं करता था।

जब भी बड़े भाई ने छोटे भाई से कुछ कहा, जैसे कि "बच्चों को मना करो, अभी भी देर रात में खेल रहे हैं, नीचे आवाज़ आ रही है हमें सोना है डिस्टर्ब होता है," या "सुबह जागकर अपनी गाड़ी हटा लो, मुझे मेरी गाड़ी निकालनी है," छोटे भाई के दिल में चिढ़ और नफ़रत के बीज पड़ने लगे। वो सोचने लगा कि एक ही घर में रहते हुए भी क्यों हम अलग-अलग हो गये हैं? क्यों हमें एक-दूसरे से इतनी दूरी बनानी पड़ रही है? छोटी-छोटी बातें, जो पहले कभी मामूली लगती थीं, अब जैसे उसे बुरी लगने लगी थीं।

फिर एक दिन होली का त्योहार आया। कॉलोनी के बच्चे चंदा माँगने आए, और बड़े भाई ने अपनी आदत के मुताबिक चंदा दिया। लेकिन जब बच्चे बाहर की सीढ़ियों से चढ़ते हुए छोटे भाई के पास गये, तो बड़े भाई ने अचानक चिल्ला दिया, "अरे ऊपर-नीचे एक ही घर है, ऊपर जाने की ज़रूरत नहीं है !!" छोटे भाई ने यह शब्द सुने, और उस पल में उसे पूरी दुनिया का एहसास हुआ। चंदा देने की बात नहीं थी, बात थी "प्रेम" की। बड़े भाई ने अपनी पूरी नफ़रत, गुस्से और हताशा को भुलाकर उसे एक संदेश दिया था, कि "हम भले ही ऊपर-नीचे रहते हों, लेकिन हमारा घर एक ही है, और हमारा रिश्ता भी एक ही है।"

यह बात छोटे भाई के दिल में घर कर गयी। उसने सोचा, "मैं तो अलग-अलग घर मानने लगा था, लेकिन मेरे भाई साहब तो आज भी इस घर को एक मानते हैं, वे आज भी मुझे अपने परिवार का हिस्सा मानते हैं।" इस एहसास ने उसे बदल दिया।

उस दिन से उसने छोटी-छोटी बातों का ध्यान रखना शुरू किया। उसने सोचा, "अगर बच्चे सुबह जल्दी जागते हैं और शोर मचाते हैं तो मुझे उन्हें समय पर सुलाना चाहिए, ताकि वे दूसरों को परेशान न करें।" वह जानने

लगा कि घर के बड़े सदस्य कभी नहीं चाहते कि उनकी छोटी-छोटी बातें दूसरों के लिए परेशानी का कारण बनें।

इसी तरह, छोटे भाई ने धीरे-धीरे अपने पुराने गुस्से को भुलाकर भाई के साथ अपने रिश्ते को सुधारा। अब वह समय से जागकर अपनी गाड़ी हटा लेता, ताकि बड़े भाई को परेशान न होना पड़े। वह बच्चों को मना करता कि समय से सो जाएं, शोर न करें, ताकि घर के बड़े सुकून की नींद ले सकें।

समय ने उसे यह सिखा दिया कि रिश्ते और परिवार के बीच जो दूरियाँ बढ़ गयी हैं, वे अक्सर छोटी-छोटी बातों से ही बनती हैं, जिन्हें हम नज़रंदाज़ करते हैं। परंतु अगर हम उन छोटी-छोटी बातों को समझें, तो रिश्ते ख़ुद-ब-ख़ुद मज़बूत हो जाते हैं। अब छोटे भाई और बड़े भाई के बीच न केवल घर एक हो गया था, बल्कि उनके दिल भी फिर से क़रीब आ गये थे।

यह कहानी सिर्फ दो भाइयों की नहीं, बल्कि हमारे जीवन की भी है। रिश्ते चाहे जैसे भी हों, अगर हम **छोटी-छोटी बातों का ध्यान रखें, एक-दूसरे की भावनाओं को समझें, तो कोई भी दूरी हमारे बीच नहीं आ सकती।**

छोटी-छोटी बातें होती रहती हैं

घरों में तनाव का कारण छोटे-छोटे विवाद होते हैं, जिनमें अहम बड़ा हो जाता है। और उस अहम के आगे सब बौने हो जाते हैं। घरों में अक्सर तनाव का बीज उन छोटे-छोटे विवादों से अंकुरित होता है, जो पहले तो तुच्छ और मामूली लगते हैं, लेकिन जब इन पर अहम का पानी डाला जाता है, तो ये धीरे-धीरे विशाल वृक्ष बन जाते हैं। ऐसा वृक्ष, जिसकी छाया में रिश्ते दम तोड़ने लगते हैं।

एक छोटी सी बात- किसने नमक ज़्यादा डाल दिया, किसने सही समय पर दरवाज़ा नहीं खोला, या किसने अपनी बात पर ज़ोर दिया- यह सब सामान्य लग सकता है। लेकिन जब इन बातों में **'मैं' और 'मेरा' का स्वर ऊँचा हो जाता है, तो परिवार की नींव दरकने लगती है।** "तुमने मेरी बात

लेकिन कार में बैठी मैडम मोलभाव करने लगीं, “चालीस रुपये में दोगी?”

तभी बच्चे ने ज़िद पकड़ ली, “मुझे अभी तरबूज़ चाहिए!”

लड़की मुस्कुराई, दौड़कर गयी और तरबूज़ लाकर बच्चे के हाथ में दे दिया। बच्चा संभाल नहीं पाया और तरबूज़ खिड़की से गिरकर सड़क पर टूट गया। बच्चा ज़ोर-ज़ोर से रोने लगा।

तब बच्चे की माँ गुस्से में बोली, “यह तुम्हारी ग़लती है। छोटे बच्चे के हाथ में तरबूज़ क्यों दिया? अब मैं इस तरबूज़ के पैसे नहीं दूँगी।”

लड़की ने शांत स्वर में कहा, “मुझे पैसे चाहिए भी नहीं। यह बच्चा मेरे छोटे भाई जैसा है।”

वह तुरंत दौड़कर गयी और दूसरा तरबूज़ ले आयी। उसने प्यार से कहा, “यह मेरी ओर से मेरे प्यारे नन्हे भाई के लिए है। मेरा भी एक छोटा भाई था, लेकिन वह बहुत बीमार हो गया और हम उसे बचा नहीं पाये। इसीलिए, अब यह बच्चा मेरे लिए मेरे भाई जैसा है। एक तरबूज़ टूट गया तो क्या हुआ, इसके लिए ये दूसरा तरबूज़।”

बच्चे की माँ, जो कुछ देर पहले मोलभाव कर रही थीं, इस बात को सुनकर अवाक रह गयीं। उनकी आँखों में आँसू आ गये। उन्होंने लड़की को सौ रुपए देने चाहे, लेकिन लड़की ने मना कर दिया। उसने कहा, “आंटी, यह मेरा भाई है और **रिश्तों में मोलभाव नहीं करते।**”

यह सुनकर माँ के दिल को गहरा झटका लगा। वे अपने रिश्तेदार की शादी में जा रही थीं और वहाँ गिफ्ट देने के लिए एक सोने की चेन ले जा रही थीं। उन्होंने वह चेन लड़की को देते हुए कहा, “यह तुम्हारे छोटे भाई की ओर से तुम्हारे लिए गिफ्ट है। इसे मना मत करना।”

जब उनकी कार वहाँ से रवाना हुई, तो उनके पति बोले, “पहले तो तुम दस रुपए के लिए मोलभाव कर रही थीं, और अब सोने की चेन दे आयीं?”

पत्नी ने जवाब दिया, "सुना नहीं, उस लड़की ने क्या कहा था? रिश्तों में मोलभाव नहीं करते।"

यह बात सुनते ही पति चुप हो गये। उनके मन में हलचल मच गयी। दरअसल, उनका अपने छोटे भाई से काफी समय से झगड़ा चल रहा था। एक संपत्ति विवाद के कारण दोनों में बातचीत बंद थी।

तुरंत ही उन्होंने छोटे भाई को कॉल किया और कहा, "भाई, पिताजी ने जो दो मकान बनाये थे, वह हम दोनों के लिए थे। मैं ही ज़िद में दोनों पर अपना हक़ जताने की कोशिश कर रहा था। अगले हफ्ते आकर एक मकान की रजिस्ट्री तुम्हारे नाम करवा दूँगा।"

यह सुनकर छोटे भाई की आँखों में आँसू आ गये। उसने कहा, "भाई, मुझे मकान नहीं चाहिए। मुझे सिर्फ आपका साथ चाहिए।"

तभी बड़े भाई ने कहा, "छोटे, रिश्तों में मोलभाव नहीं करते।"

इस घटना ने न केवल उन दोनों भाइयों के रिश्ते को जोड़ा, बल्कि यह भी सिखाया कि **सच्चे रिश्ते स्वार्थ और हिसाब-किताब से ऊपर होते हैं।** ज़िंदगी में सबसे बड़ा उपहार परिवार का प्यार और साथ है।

परिवार में शांति आयेगी कैसे?

परिवारों में शांति और सामंजस्य बनाये रखना बेहद ज़रूरी होता है। छोटे-छोटे विवादों को टालकर परिवार को मज़बूत बनाये रखने के लिए मेरी ओर से आपके लिए कुछ सुझाव हैं:

1. **संवाद का महत्त्व समझें**
    - परिवार में नियमित बातचीत करें।
    - हर सदस्य को अपनी बात कहने का मौका दें।

- अगर कोई समस्या है, तो शांतिपूर्ण तरीके से उसे सुलझाने की कोशिश करें।

2. एक-दूसरे की भावनाओं का सम्मान करें

- हर सदस्य की भावनाओं और इच्छाओं का सम्मान करें।
- किसी की बात को नज़रअंदाज़ करने या मज़ाक उड़ाने से बचें।

3. अहं को त्यागें

- 'मैं' और 'मेरा' से ज़्यादा 'हम' और 'हमारा' पर ध्यान दें।
- अगर कोई ग़लती हो जाए तो 'सॉरी' कहने में हिचकिचायें नहीं।

4. साझा निर्णय लें

- घर से जुड़े महत्त्वपूर्ण फ़ैसले सभी की राय से लें।
- किसी भी सदस्य को निर्णयों से बाहर न रखें।

5. गुस्से पर काबू रखें

- जब गुस्सा आए, तो प्रतिक्रिया देने से पहले शांत हो जाएं।
- गुस्से में कही गयी बात रिश्तों को गहरा नुकसान पहुँचा सकती है।

6. सकारात्मक माहौल बनायें

- घर में हँसी-ख़ुशी का माहौल बनाये रखें।
- एक-दूसरे को प्रोत्साहित करें और छोटी-छोटी बातों में ख़ुशी ढूँढें।

7. समय दें

- परिवार के साथ समय बितायें।
- एक-दूसरे की पसंद-नापसंद को समझने की कोशिश करें।

8. **तुलना से बचें**

- किसी सदस्य की तुलना दूसरे से न करें।
- हर व्यक्ति की ख़ासियत और कमी को स्वीकार करें।

9. **छोटे-छोटे विवादों को तूल न दें**

- हर मुद्दे को बड़ा बनाने से बचें।
- छोटी बातों को नज़रंदाज़ करना सीखें।

10. **आभार व्यक्त करें**

- परिवार के सदस्यों को उनके योगदान के लिए सराहें।
- धन्यवाद कहना रिश्तों को मज़बूत बनाता है।

परिवार तभी मज़बूत होता है जब सभी सदस्य एक-दूसरे के प्रति प्यार, सम्मान और समझ दिखायें। जब हर सदस्य यह सोचे कि कैसे परिवार को एकजुट रखा जाए, तब ही घर ख़ुशियों से भर सकता है। और हाँ याद रखना, जो शुरुआत में मैंने आपसे कहा था, बाहर की दुनिया में "घर जैसा" तो मिल सकता है, पर "घर" नहीं।

12

अभिमान

अभिमान तब आता है
जब हमें लगता है कि हमने कुछ किया है
और सम्मान तब आता है
जब दुनिया को लगता है कि हमने कुछ किया है

स्वाभिमान और अभिमान में महीन-सा अंतर है। स्वाभिमान में आप अपने सम्मान के साथ दूसरे का भी सम्मान करते हैं और अभिमान में आप सिर्फ़ ख़ुद का सम्मान और तारीफ़ चाहते हैं। आज के समय में हम कई लोगों को देखते हैं कि जीवन में थोड़ी-सी सफलता हासिल करने पर उनके स्वभाव में एक तरह का घमण्ड आ जाता है। यही स्वभाव उन्हें एक दिन ले डूबता है। अभिमान के साथ आगे बढ़ने वाले भले ही धन और पद के मामले में आगे बढ़ जाएं पर पीछे मुड़कर देखने पर उन्हें कोई भी अपने साथ खड़ा दिखाई नहीं देता है। इस अभिमान से बचने के लिए जो लोग अपने व्यवहार में आभार और विनम्रता को शामिल करते हैं वे सफलता के साथ अपनों का प्यार और सम्मान भी पाते हैं। जब आप सिर्फ़ अपने अहम को ही आकार देने लगते हैं तब आप अहंकार के वश में चले जाते हैं। **आपको पता नहीं चलता कि कब ये अहंकार की बीमारी आपको लग गयी लेकिन ये आपको असफलता के आईसीयू में एडमिट करवा ही देती है।**

एक बार मैं सुबह की ट्रेन से दिल्ली जा रहा था। हल्की ठण्ड शुरू हो चुकी थी। एक अखबार बेचने वाले बाबा से मैंने अख़बार लिया, उन्होंने एक भी रुपया ऊपर से नहीं लिया जो अख़बार का दाम था बस उतने ही लिए, बाक़ी लौटाए। वो बाबा सिर पर बोरा बाँधे हुए थे, मैंने जाकर उनसे बात भी की, मदद की कोशिश भी की, उन्होंने विनम्रता से कहा "कोई मदद नहीं चाहिए कभी कुछ लगा तो ज़रूर याद करूँगा।" उन्हें पता था हम शायद ही दोबारा मिलें लेकिन उनका ये कहना कि "अभी कोई मदद नहीं चाहिए" बताता था कि उन्हें विश्वास है वो अपनी मेहनत से कुछ न कुछ कर ही लेंगे। **दुनिया में सभी तरह के लोग हैं। कुछ स्वाभिमानी हैं तो कुछ अभिमानी। ये आप पर निर्भर करता है कि आप किन लोगों में शामिल होना चाहते हैं।**

संघर्ष के दिनों में जब मैं पैदल दफ़्तर जाता था तब हमारे एक सीनियर उसी रास्ते से अपनी कार से जाते थे। चूंकि मेरा उनसे इतना वास्ता रहा नहीं इसलिए मुझे नहीं पता था कि वो भी इसी रास्ते से जाते हैं। एक दिन उन्होंने अपनी कार के बारे में बताया कि "यह मैंने अपनी मेहनत से ख़रीदी है, मैं भी पैदल ही दफ़्तर आता था।" उनकी यह बात सुनकर मुझे लगा कि ये व्यक्ति बहुत ही स्वाभिमानी और मेहनती हैं लेकिन फिर उन्होंने कहा कि "जैसे ये आता है न रोज़ाना पैदल वैसे ही मैं भी आता था।" मैंने पूछा "आपको कैसे पता कि मैं पैदल आता हूँ?" तो कहने लगे कि "मैं जब रोज़ाना ऑफ़िस आता हूँ तो तुम्हें कई बार देखा है।" बस तभी मेरे अंदर से आवाज़ आयी कि इनका स्वाभिमान अब अभिमान में बदल चुका है। इन्हें शायद पता नहीं चला लेकिन समय ने इनके अंदर अभिमान को बढ़ा दिया है। ये घमण्ड कब हमारे साथ चल पड़ता है, हमें पता नहीं चलता। हम कार चला रहे होते हैं, वहाँ तक तो ठीक है लेकिन जब कार हमें चलाने लगती है तो दिक्क़त होती है। तब हमें पैदल चलने वाले लोग नहीं दिखते।

किसी ने बड़े कमाल की बात कही है कि-

> अभिमान तब आता है जब हमें लगता है कि हमने कुछ किया है और सम्मान तब आता है जब दुनिया को लगता है कि हमने कुछ किया है!

अभिमान यानी घमण्ड पर मेरी नानी कहती थीं बेटा घमण्ड तो राजा रावण का भी नहीं टिका तो हमारा क्या वजूद है। आज नानी की बात सटीक लगती है जब किसी की सफलता की इबारत को घमण्ड के भूकंप में गिरता हुआ देखता हूँ। नानी दादी की कहानियों में जीवन का सार छुपा होता है लेकिन हम बड़े होने पर वो कहानियाँ भूल जाते हैं। मेरी दादी ने एक कहानी मुझे बचपन में सुनाई थी, जो आज भी कभी दिमाग़ में थोड़ी भी अहंकार की आहट होने पर याद कर लेता हूँ। किसी गाँव में एक मूर्तिकार रहता था। वह

मूर्तिकला से बेहद प्रेम करता था और इसी के चलते उसने अपनी पूरी ज़िंदगी मूर्तियाँ बनाने में निकाल दी थी। वह इतना ज़्यादा पारंगत हो गया था कि जो भी मूर्ति बनाता था वो जीवंत लगती थी। हर कोई उसकी प्रशंसा करते थकता नहीं था। अपनी प्रसिद्धि देख उस मूर्तिकार में अंहकार आ गया। और इसी चक्कर में वो स्वयं को दुनिया का श्रेष्ठ मूर्तिकार मानने लगा। उम्र के साथ जब बुढ़ापे ने उसे घेरा और उसका अंत समय पास आ गया तब वह मृत्यु से बचने के उपाय सोचने लगा। वह चाहता था कि वो यमदूत की नज़रों से बच जाए। अंत में उसे एक उपाय सूझा। उसने अद्भुत मूर्तिकला का प्रदर्शन करते हुए 10 ऐसी मूर्तियों का निर्माण किया जो दिखने में ठीक उसके जैसी ही थीं। इतनी कमाल की मूर्तियाँ कि अगर वो उन मूर्तियों के पास बैठ जाए तो देख कर कोई नहीं बता सकता था कि मूर्ति कौन सी है और मूर्तिकार कौन सा?

मूर्तिकार का प्लान भी कुछ यही था कि जब यमराज आएंगे तो इन्हीं मूर्तियों में छुपकर बैठ जाऊँगा। अंत समय आया और जब यमराज और उनके साथ यमदूत आये तो मूर्तिकार अपने सोचे हुए उपाय के अनुसार उन्हीं मूर्तियों में छुपकर बैठ गया। यमराज और यमदूत वाक़ई में आश्चर्य में थे कि इनमें से असली कौन है और मूर्ति कौन ? लेकिन क्या करें, विधि का विधान था। मूर्तिकार की आत्मा को भी साथ ले जाना था और पहचान पाना बड़ा मुश्किल हो रहा था। यमदूत अपने यमराज की ओर देखकर आश्चर्य करने लगे कि अब क्या होगा? आज तो हमें ख़ाली हाथ लौटना न पड़ जाए तभी यमराज ने कहा कि यमदूत तुम्हें नहीं लगता मूर्ति बनाने वाले ने बड़ी कमाल की मूर्तियाँ बनाई हैं लेकिन उसने सिर्फ़ एक कमी छोड़ दी, अगर वो ये कमी नहीं छोड़ता तो ये मूर्तियाँ दुनिया की सर्वश्रेष्ठ मूर्तियाँ होतीं। यमदूत बोलता उससे पहले मूर्तिकार जो उनमें छुपकर बैठा था वो बोल पड़ा ऐसी कौन सी कमी रह गयी ? मेरी मूर्तियों में आज तक कोई कमी रही नहीं।

यमराज मुस्कुरा कर यमदूत से बोले वो रहा मूर्तिकार ले चलो उसे। मूर्तिकार ने कहा आपने पहचाना कैसे? यमराज ने कहा तुम्हारे घमण्ड से, क्यूँकि मूर्तियाँ बोलती नहीं हैं। तुम्हारी सिर्फ़ यही एक कमी है कि तुम अपने

घमण्ड पर, अभिमान पर नियंत्रण नहीं रख पाये और बोल पड़े। वरना तुम्हारी युक्ति बड़ी अच्छी थी, हमारे लिए तुम्हें ढूँढना मुश्किल था, लेकिन तुम्हारे अभिमान ने सब आसान कर दिया। दुनिया में कोई भी क्यूँ न हो, अभिमान का रास्ता विनाश की ओर ही ले जाता है।

ये अभिमान ही तो होता है जो रिश्तों में दूरियाँ ले आता है कि वो मुझसे बात नहीं करता, तो मैं क्यों बात करूँ। मैंने अनुभव किया है कि यदि किसी व्यक्ति में अभिमान है तो उसके अंदर विनम्रता और धैर्य जैसे गुणों का लोप हो जाता है। हम ऐसे कितने ही व्यक्तियों से मिलते हैं जो आज बड़े पद पर काम कर रहे हैं, सारे सुख भोग रहे हैं पर रिश्तों और दोस्तों के नाम पर उनके पास कोई नहीं है। एक समय था जब वह भी दोस्तों के साथ मस्ती मज़ाक करते थे, परिवार के साथ बैठकर ख़ुशी के पल बिताते थे पर सफलता के साथ आने वाले घमण्ड ने उनसे यह सब छीन लिया। सबके सामने ख़ुश रहकर भी मन में वह दुःखी है और जीवन में बिल्कुल अकेले।

आज दुनिया में ऐसे कितने लोग हैं जो जेब से फ़क़ीर और दिल से अमीर हैं, इसका कारण है उनकी विनम्रता। जेब ख़ाली होने के बावजूद जब वह अपने परिवार वालों और दोस्तों के मुस्कुराते चेहरे देखते हैं तो उन्हें अपनी ग़रीबी भी अच्छी लगती है, इन्हीं लम्हों और लोगों के लिए वह अमीर इंसान तरसता है जिसने अपने झूठे अभिमान के लिए इन्हें ठोकर मार दी थी और आज जीवन में सब कुछ होने पर भी वह ग़रीब ही है।

सुकरात की कमाल की बात

एथेंस में दुनिया के प्रसिद्ध दार्शनिक सुकरात अपने शिष्यों को उपदेश दे रहे थे। तभी वहाँ एक धनी व्यक्ति उनसे मिलने के लिए पहुँचा। लेकिन सुकरात ने उस व्यक्ति की ओर ध्यान नहीं दिया, वे अपने काम में लगे रहे।

धनी व्यक्ति को समझ आ गया कि सुकरात ने उसे नज़रंदाज़ कर दिया है। इससे वह क्रोधित हो गया। वह सुकरात के सामने पहुँचा और बोला कि क्या आप जानते हैं, मैं कौन हूँ?

सुकरात ने उससे कहा कि आप यहाँ बैठें और मुझे बताइए कि आप कौन हैं? इसके बाद उन्होंने उस व्यक्ति को दुनिया का नक्शा दिया और कहा कि आप बतायें, इसमें एथेंस कहाँ हैं? धनी व्यक्ति ने कहा कि दुनिया के नक्शे में तो एथेंस एक बिंदु की तरह है। उसने एथेंस पर उँगली रखी और कहा, ये एथेंस है।

सुकरात ने उससे फिर पूछा अब इसमें ये बताओं की तुम्हारा घर कहाँ है?

दुनिया के नक्शे में एथेंस तो ख़ुद ही एक बिंदु है, इसमें मेरा घर कैसे दिख सकता है?

सुकरात ने फिर पूछा, जब इस नक्शे में तुम्हारा घर ही नहीं दिख रहा है तो तुम अपने बड़े घर में कहाँ हो? ये नक्शा तो एक पृथ्वी का है, ऐसी अनंत पृथ्वियाँ हैं, अनंत सूर्य हैं। इन सब में तुम कहाँ हो? सुकरात की ये बातें सुनकर धनी व्यक्ति चुपचाप वहाँ से जाने लगा। तब सुकरात ने उसे रोका और नक्शा देते हुए कहा कि इसे हमेशा अपने साथ रखना। जब तुम्हें अपने धन का अहंकार होने लगे तब इसे देख लेना। तुम्हारा घमण्ड दूर हो जाएगा।

सुकरात ने कहा कि अब तुम्हें समझ आ गया होगा कि इस ब्रह्माँड में हम कुछ नहीं हैं। हमारा झूठा अहंकार ही हमारे दुःखों का मूल कारण है। इसे जितनी जल्दी छोड़ देंगे, उतना ज़्यादा अच्छा रहेगा। **जिस दिन हम इस ब्रह्माँड को जानेंगे, चारों ओर देखेंगे तो समझ जाएंगे कि इस सृष्टि में हमारे जैसे असंख्य जीव हैं।**

समय बीत ही जाएगा, तो अभिमान कैसा?

आप और हम सभी यह जानते हैं कि यह शरीर नश्वर है, एक न एक दिन तो हमें दुनिया से जाना ही है तो फिर अहंकार किस बात का? कल क्या होगा ये कोई नहीं जानता है, लेकिन मौत एक मात्र ऐसा सच है जिसका आना निश्चित है। हम चाहें या न चाहें लेकिन यह तो सच है कि जिसका भी जन्म हुआ है

उसकी मृत्यु होनी ही है। अगर यह शरीर एक दिन मिट्टी में ही मिल जाना है तो अभिमान की जगह ही कहाँ हैं?

कई बार हमें लगने लगता हैं कि हम अपने काम में सबसे बेहतर हैं या हम सबसे बेस्ट हैं। हम अपने आपको प्यार करें ये तो ठीक है लेकिन हम ही सबसे बेहतर हैं, ये मानना ग़लत है। विद्वानों ने भी कहा हैं कि **अभिमान मनुष्य के सभी सद्गुणों को नष्ट कर देता है।** जैसे जब हम अभिमानी होते हैं तो हम दूसरों को कम आँकने लगते हैं और कई बार हम उन्हें जाने अंजाने में नीचा भी दिखा देते हैं और अहंकार के कारण हमारे संबंधों पर बुरा असर पड़ता है। इसलिए ये कहावत है कि अहंकार से मनुष्य का विनाश होता है।

किसी ने बड़े कमाल की बात कही है कि-

कभी घमण्ड आ जाए जीवन में तो श्मशान
का एक चक्कर लगा आना तुमसे बेहतरीन
लोग वहाँ राख हुए पड़े हैं!

'मैं ही श्रेष्ठ हूँ'... कितना सच है, कितना भ्रम

स्कूल के दिनों में भी मेरे काफ़ी दोस्त रहे हैं। मुझे याद है मेरा एक दोस्त था। पढ़ने के साथ ही स्पोर्ट्स में भी वह सबसे आगे रहता था। हर कोई उसे पसंद करता था। छोटी क्लास के बच्चे तो उसे अपना आइडल भी मानते थे। लेकिन मैंने देखा था कि समय के साथ उसमें अभिमान आने लगा। हालाँकि यह भी सच है कि उस समय वह बेस्ट था लेकिन उसे लगने लगा कि मैं ही श्रेष्ठ हूँ। बस वही वो समय था जब उसने अच्छे-अच्छे दोस्तों को खोना शुरू कर दिया। पढ़ाई और स्पोर्ट्स में ज़रूर वो हमेशा टॉप पर रहा लेकिन उसने अपने सारे रिश्ते धीरे-धीरे खो दिए। आज के समय में उसने पैसे ज़रूर कमाए हैं लेकिन दोस्ती और रिश्ते सारे खो दिए हैं।

अहंकार जब किसी के सर पर चढ़ता है तो फिर वह व्यक्ति दूसरों को भी चोट पहुँचाने लगता है। अहंकार के नशे में अंधा होकर वह किसी का भी अपमान कर देता है। अहंकारी व्यक्ति अपने अहम् को कायम रखने के लिए किसी भी सीमा को पार कर सकता है। वह इस बात से बेख़बर रहता है कि इससे उसका कितना नुकसान हो रहा है। इसलिए बेहतर है कि जब भी "मैं ही श्रेष्ठ हूँ" ऐसा लगे तो ख़ुद से बेहतर लोगों को देखकर सीखने पर ध्यान लगाया जाए। इससे अभिमान बढ़ाने वाले सभी भ्रम टूट जाते हैं।

अहंकार की पट्टी कितनी बुरी और क्यों

जब भी हम अपने अभिमान यानी अहंकार पर काबू नहीं कर पाते हैं तो हमारी सारी अच्छाई अपने आप ही कोसों दूर चली जाती हैं। हर व्यक्ति अभिमानी और घमण्डी व्यक्ति से दूर रहना चाहता है। कोई भी समाज या देश एक ग्रहणशील और विनम्र व्यक्ति को अपने नेता, बॉस, लीडर, आइडल, रोल मॉडल के रूप में पसंद करता है। यहाँ तक कि हर घर में, विद्यालयों में, संस्थाओं में, कंपनियों में लोग ऐसे ही व्यक्ति को पसंद करते हैं जो विनम्र, हँसमुख और दयालु हो। **अहंकार कोई बीमारी नहीं है जो किसी के छूने से लग जाए, यह मनुष्य का एक गुण है जिसे शांति और समझदारी से नियंत्रण में रखा जा सकता है।**

संसार का नियम है- परिवर्तन

बिना बदलाव किए जीवन सुखद और ख़ुशहाल हो ही नहीं सकता। कई बार व्यक्ति चाहकर भी अपने घमण्डी स्वभाव से बच नहीं पाता और इसी वजह से कई रिश्ते, दोस्ती, अवसर और सफलताएँ उसके हाथों से निकल जाती हैं। कुछ लोग अपने रूप, रंग, धन-दौलत, नाम, रुतबे या अपनी जीत पर अहंकार का सामना करते हैं। अहंकारवश व्यक्ति को लगता है कि इस संसार में उससे ज़्यादा श्रेष्ठ और अच्छा कोई नहीं है। वह जिस पल से अपने अहंकार को बढ़ावा देना शुरू करता है, उसी समय सीखने और आगे बढ़ने के

सभी रास्ते बंदकर देता है। ऐसी स्थिति में उसे सही-ग़लत कुछ भी नज़र नहीं आता है। वह अपने ही अहंकार के जाल में फँस जाता है।

मगर यदि कोई व्यक्ति यदि अपने स्वभाव और रिश्तों में बदलाव देखे और अपने आस-पास के लोगों से जुड़ा रहे तो वह इस समय ख़ुद को अभिमानी होने से बचा सकता है।

याद रखें कि अभिमान आपको धिक्कार और झूठी प्रशंसा ही दे सकता है, क्योंकि लोग घमण्डी व्यक्ति के सामने तो उसकी इज्ज़त करते हैं लेकिन पीठ पीछे उसे बिल्कुल पसंद नहीं करते। जबकि एक हँसमुख, मस्तमौला और मिलनसार व्यक्ति हर जगह सम्मान और प्रतिष्ठा पाता है। अब यह आपका फ़ैसला है कि आप कैसा बनना चाहते हैं?

कबीर दास जी कहते हैं-

आखिर यह तन ख़ाक मिलेगा,
कहाँ फिरत मगरूरी में।
कहत कबीर सुनो भाई साधो,
साहिब मिले सबूरी में।

हम जीवन भर अपने द्वारा संचय की गयी धन-संपदा एवं वैभव पर बहुत घमण्ड करते हैं। किंतु हमारा यह घमण्ड व्यर्थ है क्योंकि जिस काया पर हम इतना अभिमान करते हैं, वह एक दिन नष्ट हो जाएगी और सारा धन पड़ा रह जाएगा। इस देह की मृत्यु निश्चित है और मृत्यु के बाद यह शरीर मिट्टी में मिल जाएगा।

तो जब तुझे मिट्टी में मिलना है, तो घमण्ड में कहाँ घूम रहा है? तेरी भी वही दशा होने वाली है, जो सबकी होती है। तो फिर तू किस गुरुर में चूर है? तुझे किस बात का अभिमान है? कबीरदास जी आगे कहते हैं कि हे साधु! साहेब अर्थात ईश्वर संतोष से ही मिलते हैं। अहंकार को धारण करके तुम

ईश्वर को कभी नहीं पा सकोगे। संतोष करो, विनम्र बनो। तब ही ईश्वर मिलेंगे क्योंकि जिस दिन तुम्हारी मृत्यु होगी, उस दिन यह धन वैभव कुछ काम नहीं आएंगे। केवल ईश्वर ही काम आएंगे। एक और बड़ी दार्शनिक बात उन्होंने सरल शब्दों में कही थी कि,

ऊँचा पानी ना टिके, नीचा ही ठहराय,
नीचा होय तो भरि पिये, ऊँचा प्यासा जाय।

मन में अहंकार रखकर व्यक्ति कभी ज्ञान प्राप्त नहीं कर सकता। ज्ञान की प्राप्ति सहज भाव से ही संभव है। यही समझाने के लिए इस दोहे में उन्होंने ऊँचाई की तुलना अहंकार से एवं जल की तुलना ज्ञान से करते हुए कहा है कि जल का स्वाभाविक प्रवाह नीचे की ओर होता है। ऊँचाई पर पानी कभी नहीं ठहरता। वह सदैव नीचे की तरफ़ आ जाता है और वहीं ठहरता है। जो मनुष्य नीचे रहते हैं, वह जी भर कर पानी पीते हैं, अपनी प्यास बुझाते हैं। किंतु ऊँचाई पर रहने वाले प्राणी प्यासे ही रह जाते हैं क्योंकि पानी ऊँचाई पर नहीं, केवल नीचे ही उपलब्ध हो सकता है।

यहाँ ऊँचाई का अर्थ है अहंकार। जिस प्रकार ऊँचाई पर रहकर पानी की आशा रखने वालों की प्यास कभी नहीं बुझती, ठीक उसी प्रकार अहंकार, अभिमान में रहकर व्यक्ति कभी ज्ञान प्राप्त नहीं कर सकता। प्यास बुझाने के लिए ऊपर उड़ रहे जीवों को गहराई में आना ही पड़ता है। अर्थात **ज्ञान प्राप्त करने के लिए मनुष्य को अहंकार का त्याग करना आवश्यक है क्योंकि गुरु के समक्ष झुक कर, विनम्र होकर ही ज्ञान मिलता है।**

अहंकार मिटायें कैसे?

पुरानी मूवी में एक विलेन होता था न जो हीरो के लाख मारने के बाद भी जब हीरो को लगता कि अब मर गया है और हीरो वहाँ से जाने लगता तब वापस खड़ा हो जाता था और हीरो पर वार करता था। अहंकार वैसा ही विलेन है, जो लाख मारने पर मरने का सिर्फ़ नाटक करेगा, इसे तो जड़ से ख़त्म करने की आवश्यकता है।

3 आसान तरीक़े, जो जीवन में अपनायें तो अहंकार हमेशा के लिए समाप्त हो सकता है।

1. सबसे बड़ी बात तो कि आज से ही दूसरों की प्रशंसा करनी शुरू करो, कि वाह क्या शर्ट है! वाह आपने वो काम बहुत अच्छे से किया! वाह आपके घर को देखकर बड़ा अच्छा लगा! वाह आपने नया घर लिया क्या बात है! दिल ख़ुश हो गया ये ख़बर सुनकर! दूसरों की बुराई देखकर उनकी बुराई करने की जगह आपको उनकी अच्छाई देखकर उनकी सिर्फ़ प्रशंसा करनी शुरू करनी होगी, चीज़ें आसान होने लगेंगी। घमण्ड नष्ट होने लगेगा।
2. एक भजन है अगर नाथ देखोगे अवगुण हमारे तो हम कैसे होंगे भव से किनारे। भक्ति का सबसे सुंदर भाव पता है कौन-सा है? समर्पण भाव। यदि आप ध्यान लगाकर जीवन में झाँकोगे तो पाओगे कि आप में भी बड़े अवगुण हैं, जिन्हें ख़त्म करने का आपने लाख प्रयास किया होगा लेकिन वो नहीं हुए। ऐसे में जब बेबस हो जाएं तो क्या करें, समर्पण भाव से प्रभु से प्रार्थना करें। प्रभु मुझे विनम्रता का भाव दें, मेरे अहंकार को नष्ट करें। क्योंकि अहंकार रूपी रावण को नष्ट करने स्वयं प्रभु को ही अवतरित होना पड़ा था।
3. छोटी-छोटी आदतों में बदलाव करना शुरू करें। मेरे पड़ोस में अग्रवाल साहब रहते हैं जिन्होंने बढ़िया सुझाव दिया था कि रोज़ाना सुबह अपने घर के मुख्य द्वार से बाहर की ओर झाड़ू लगा दिया करें। इससे घर की गंदगी भी दूर हो जाएगी और साथ में दिमाग़ में जो अहंकार की गंदगी है वो भी दूर हो जाएगी। मैंने कई बड़े लोगों को देखा जो धार्मिक स्थलों में सेवा करने जाते हैं वहाँ अपना पद, प्रतिष्ठा सब भूलकर साधारण जन बन जाते हैं, भक्त बन जाते हैं, ताकि स्वयं को याद दिला सकें कि सब बराबर हैं।

इसलिए बस इतना-सा याद रखें कि **इस धरा का, इस धरा पर, सब धरा रह जाएगा।**

13

स्वप्न

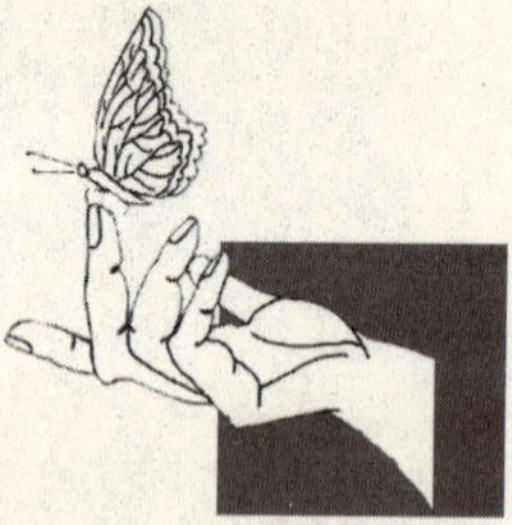

सपने देखने ही हैं तो ऊँचे देख,
क्यूंकि नीचा दिखाने के लिए तो लोग हैं ना

एक इंसान अपनी ज़िंदगी का एक तिहाई हिस्सा सोने में गुजार देता है। सोते हुए इस एक तिहाई हिस्से में से वह ज़्यादातर समय सपनों की दुनिया में भी होता है। उसे कभी अच्छे सपने आते हैं, तो कभी बुरे। ये वो सपने होते हैं जो हम नींद में देखते हैं लेकिन एक वो सपना भी होता है जिसे हम जागते हुए देखते हैं। महत्त्वपूर्ण वही सपना है, जिसे खुली आँखों से देखा जाए। जागती आँखों से देखा गया सपना बहुत कुछ माँगता है। इस सपने के लिए नींदें भी कुर्बान करनी होंगी, इस सपने के लिए निरंतर चलना होगा, हो सकता है इस सपने के लिए कभी-कभी दौड़ना भी पड़े। कई रातों की नींद त्यागने के बाद जब ये सपना मुकम्मल होता है तो फिर आपको सुकून की नींद आयेगी। उस रात आप ऐसे सोयेंगे जैसे उसके पहले कभी आप सोये ही न हों। बेहतर ज़िंदगी के लिए सभी ने सपने संजोए हैं लेकिन सपनों को साकार करने के लिए दृढ़ संकल्प, समर्पण, स्व-अनुशासन और निरंतरता की आवश्यकता होती है। इन सभी पहलुओं के साथ से ही आप सपने को हक़ीक़त का रूप दे पायेंगे। याद रखिए भविष्य उनका है, जो अपने सपनों की ख़ूबसूरती में यक़ीन रखते हैं।

सपने देखने चाहिए, क्योंकि जब हम सपने देखेंगे तो उसे पूरा करने के लिए आगे बढ़ेंगे। लेकिन एक बात यह भी है कि सिर्फ़ सपनों की दुनिया में ही खोये रहेंगे तो हम काफ़ी पिछड़ जाएंगे। इसलिए ज़रूरी है कि **जब आने वाले कल के लिए कोई ख़ूबसूरत सपना देख लिया है तो आज और अभी से उसे पूरा करने के लिए दृढ़ संकल्पित हो जाएं।** मैंने भी एक सपना देखा था 'आर जे' बनने का। एक ऐसा 'आर जे' जो कहीं सीमित होकर न रह जाए। वो शहर, देश और दुनिया के लोगों से बात करें। किस्से-कहानियाँ सुनाये। कुछ अपनी कहे और बहुत सारी दुनिया की सुने। आज ख़ुशी होती है क्योंकि मैं वह सपना जी रहा हूँ। इसीलिए मैं अपनी सफलता का सारा श्रेय अपने सपने

को देना चाहूँगा, क्योंकि मैं यदि सपना देखता ही नहीं तो भटकता रहता। सपने के साथ ही मेरे जीवन में लक्ष्य की एँट्री हुई थी। जब जीवन का लक्ष्य तय हुआ तो मैं मेहनत कर पाया और अपने आपको हर रोज़ मज़बूत बनाता चला गया। इसीलिए कहता हूँ सपने देखिए, सपने से ही आप अपने जीवन का लक्ष्य तय कर पायेंगे।

क्या कहती हैं स्वप्न पर की गयी रिसर्च?

स्वप्न के विषय में सबसे महत्त्व की रिसर्च डॉ. सिगमंड फ्रायड ने की है। उन्होंने अपने अध्ययन से यह बताया कि मनुष्य के भीतरी मन को जानने के लिए उसके स्वप्नों को जानना बहुत आवश्यक है। "द इंटरप्रिटेशन ऑफ़ ड्रीम्स" नामक अपने ग्रंथ में उन्होंने यह बताने की चेष्टा की है कि जिन स्वप्नों को हम निरर्थक समझते हैं उनके विशेष अर्थ होते हैं। उन्होंने स्वप्नों के संकेतों के अर्थ बताने और उनकी रचना को स्पष्ट करने की चेष्टा की है। उनके कथानुसार स्वप्न हमारी उन इच्छाओं को सामान्य रूप से अथवा प्रतीक रूप से व्यक्त करता है जिसकी तृप्ति जाग्रत अवस्था में नहीं होती। पिता की डाँट के डर से जब बालक मिठाई और खिलौने ख़रीदने की अपनी इच्छा को प्रकट नहीं करता तो उसकी दमित इच्छा स्वप्न के द्वारा अपनी तृप्ति पा लेती है। जैसे-जैसे मनुष्य की उम्र बढ़ती जाती है उसका समाज का भय जटिल होता जाता है। इस भय के कारण वह अपनी अनुचित इच्छाओं को न केवल दूसरों से छिपाने की चेष्टा करता है वरन् वह स्वयं से भी छिपाता है।

डॉ. फ्रायड के अनुसार मनुष्य के मन के तीन भाग हैं। पहला भाग वह है जिसमें सभी इच्छाएँ आकर अपनी तृप्ति पाती हैं। इनकी तृप्ति के लिए मनुष्य को अपनी इच्छाशक्ति से काम लेना पड़ता है। मन का यह भाग चेतन मन कहलाता है। यह भाग बाहरी जगत् से व्यक्ति का समन्वय स्थापित करता है। मनुष्य के मन का दूसरा भाग अचेतन मन कहलाता है। यह भाग उसकी सभी प्रकार की भोगेच्छाओं का आश्रय है। इसी में उसकी सभी दमित

इच्छाएँ रहती हैं। मनुष्य के मन का तीसरा भाग अवचेतन मन कहलाता है। इस भाग में मनुष्य का नैतिक स्वत्व रहता है। डॉ. फ्रायड ने नैतिक स्वत्व को राज्य के सेन्सर विभाग की उपमा दी है। जिस प्रकार राज्य का सेन्सर विभाग किसी नये समाचार के प्रकाशित होने के पूर्व उसकी छानबीन कर लेता है। उसी प्रकार मनुष्य के अवचेतन मन में उपस्थित सेन्सर किसी भी वासना के स्वप्न चेतना में प्रकाशित होने के पूर्व काँट-छाँट कर देता है। अत्यंत अप्रिय या अनैतिक स्वप्न देखने के बाद मनुष्य को आत्म भर्त्सना होती है। सपना देखने वाले को इस आत्म भर्त्सना से बचाने के लिए उसके मन का सेन्सर विभाग स्वप्नों में अनेक प्रकार की तोड़ मरोड़ करके दबी इच्छा को प्रकाशित करता है। फिर जाग्रत होने पर यही सेन्सर हमें स्वप्न के उस भाग को भुला देता है, जिससे आत्म भर्त्सना हो। इसी कारण हम पूरे स्वप्नों को ही भूल जाते हैं।

1 सपने... तनाव दूर करने के लिए

सपनों का असर सिर्फ़ आपके भविष्य पर ही नहीं बल्कि आपके शरीर और मन पर भी होता है। प्रोफेसर रोज़ालिंड कार्टराइट ने शोध से साबित किया है कि सपने देखने से तनाव कम हो जाता है। सपने आपके मस्तिष्क में चल रहे विचारों को एक तस्वीर में परिवर्तित कर देते हैं। जब आप अच्छे विचार सोचते हैं तो नींद में वह असल दृश्यों में बदल जाते हैं और इससे आप ख़ुश रहते हैं। जब आप ख़ुश रहेंगे तो आपका तनाव भी कम हो जाता है।

2 सपने... मज़बूती के लिए

फिजिकल के अलावा इमोशनल हेल्थ पर भी सपने गहरा असर करते हैं। शोधकर्ता मोहकैमसिन देन बोअर ने सुरिनामीज़ ट्राइब्स पर शोध किया और जाना कि सपने देखकर ही वे मुश्किल परिस्थितियों का सामना कर पाते थे। सपने देखने से आप मज़बूत हो जाते हैं। जब

आप सपने में किसी समस्या का सामना करते हैं तो असल जीवन में उन कठिनाइयों से परेशान नहीं होते और हिम्मत से उनका सामना करते हैं।

3 सपने...जीवन की सार्थकता के लिए

ज़िंदगी तो सभी को मिली है। यानी जो इस दुनिया में आया है उसके पास ज़िंदगी है। लेकिन ख़ूबसूरत ज़िंदगी उसी की है जिसके पास आने वाले कल का विजन है, जो अपने कल को अर्थ देना चाहता है, जो ईश्वर की दी हुई ज़िंदगी को सार्थक करना चाहता है। ये सारी बातें तभी मुक़म्मल होंगी जब आपके पास कोई सपना होगा। एक ऐसा सपना जो अर्थहीन ज़िंदगी को नया आयाम दे पाये।

और वो सपना आपको खुली आँखों से देखना होगा।

14

भूत

भूलने वाली सारी बातें याद हैं
इसलिए तो ज़िंदगी में विवाद हैं!

भूत... यह एक ऐसा शब्द है जिससे बच्चे डरकर अपना काम चुपचाप करने लगते हैं। कमाल की बात है न कि बचपन से हमें घर वाले भूत से डराते रहते हैं और बड़े होने पर भी ये भूत हमारा पीछा नहीं छोड़ता। भूत यानी पास्ट जो हमारे साथ चल रहा होता है, हमारे दिमाग़ में। वो बातें जो भूल जानी चाहिए थीं वो चाह कर भी हम भुला नहीं पाते। आप ख़ुद ही याद कीजिए आज से ठीक एक साल पहले इसी महीने की इसी तारीख़ को इसी समय आप क्या कर रहे थे, बहुत ज़ोर देने पर भी शायद ही आप सोच पायेंगे कि इस दिन इसी समय आप पिछले साल क्या कर रहे थे? चलिए आप दो साल पहले का बताइए आज ही के दिन दो साल पहले आप क्या कर रहे थे? हमारी याददाश्त इतनी कमज़ोर है कि हम एक साल पहले का आज वाला दिन भूल गये हैं। कुछ लोगों को तो एक महीने पहले आज की तारीख़ को क्या हुआ था शायद ही याद आये। लेकिन हाँ, अगर कोई ऐसी घटना घटी हो जो आप भूले नहीं भुला सकते तो आपको दिन, तारीख़, महीना सब याद होगा। जैसे मुझे मेरे बेटे का जन्म समय, तारीख़, पल वो दिन, उस दिन का हर क्षण याद है क्योंकि वो जीवन का यादगार दिन बन गया था। मनोविज्ञान भी यही तो कहता है कि हमारा दिमाग़ उन्हीं चीज़ों को याद रखता है जिनसे हम बहुत ज़्यादा प्रभावित हुए हों। लेकिन हम यदि भूत की नकारात्मक बातों में अटक जाएंगे, तो जीवन की राह में भटक जाएंगे। इसलिए भूत को भूलें और आगे बढ़ते जाएं।

ज़िंदगी शेयर मार्केट की तरह होती है कभी ऊपर कभी नीचे, कभी बहुत सारी ख़ुशियाँ कभी ग़म और कभी एक अजीब-सा ख़ालीपन। जीवन में बुरा समय भी आयेगा अच्छा भी आयेगा ये सब जानते हैं, लेकिन फिर भी हम बुरी यादों में उलझे रह जाते हैं, किसी बात का बुरा मानकर जीवन भर अटके रह जाते हैं। अरिजीत सिंह का एक गाना बड़ा फेमस हुआ था- मन अटक

गया है ये मन भटक गया है, वैसे तो ये गाना प्यार मोहब्बत वाली सोच के साथ लिखा गया है लेकिन ऐसी ही कहानी हमारी होती है जहाँ हम भूत में अटक जाते हैं और इस चक्कर में भटक जाते हैं।

किसी ने बड़े कमाल की बात कही है कि

भूलने वाली सारी बातें याद हैं

इसलिए ज़िंदगी में विवाद हैं।

एक कहानी मुझे बड़ी पसंद है जो है भगवान गौतम बुद्ध और उनके दो शिष्यों की। वह दोनों एक मठ में रहते थे। एक उम्र में दूसरे से थोड़ा बड़ा था और लंबे समय से मठ में रह रहा था। दूसरा युवा शिष्य नया-नया सन्यासी बना था। मठ गाँव से बहुत दूर था। दोनों शिष्य रोज़ पास के गाँव में भिक्षा माँगने जाते थे।

एक बार बरसात के मौसम में दोनों भिक्षा माँगकर अपने मठ आ रहे थे। गाँव से मठ के रास्ते के बीच में एक नदी थी और बारिश की वजह से वह बहुत उफान पर थी। वे उस नदी को पार करने की कोशिश कर रहे थे कि तभी उन्हें एक लड़की की आवाज़ सुनाई दी। उन्होंने पलट कर देखा तो वहाँ एक सुंदर कन्या खड़ी थी। दूर से देखने पर लग रहा था जैसे कोई अप्सरा हो। उसकी वेशभूषा से लग रहा था कि वह एक राजसी कन्या है। दोनों उसके पास गये और उसे प्रणाम किया। उस लड़की ने कहा कि मैं यहाँ के राजा की बेटी हूँ, शिकार के लिए जंगल में आयी थी लेकिन शिकार करते-करते मैं रास्ता भटक गयी। मुझे अपने नगर जाना है लेकिन इस नदी को पार नहीं कर पा रही हूँ। मैंने इस नदी को पार करने की कोशिश कि लेकिन मेरे पैर फ़िसल रहे हैं।

दोनों सन्यासियों ने देखा कि नदी के पत्थर बहुत चिकने थे। वह लड़की की परेशानी समझ रहे थे लेकिन उनके सामने संकट यह था कि उनके गुरु ने उन्हें आज्ञा दी थी कि किसी भी नारी के शरीर को स्पर्श नहीं करना है। दोनों

शिष्य इस परेशानी का हल सोचने लगे। तभी उस युवा शिष्य ने लड़की को कंधे पर बैठाया और उसे नदी पार करवा दी। इस घटना के बाद दोनों शिष्य मठ की ओर चलने लगे। युवा शिष्य शांत मन से आगे बढ़ रहा था लेकिन उसके साथ जो शिष्य थे उन्हें उसपर गुस्सा आ रहा था कि इसने उस कन्या की मदद क्यों की। आज इसने हमारी सारी गरिमा भंग कर दी। वह उससे दूरी बनाकर चल रहे थे और बार-बार उसे गुस्से में देख रहे थे। मठ आकर उन्होंने गुस्से में ही भोजन कर लिया और मन में सोचा कि आज मैं गौतम बुद्ध को बताऊँगा कि इसने हमारी सारी तपस्या भंग कर दी और उनसे कहूँगा कि युवा सन्यासियों को दीक्षा मत दीजिये वह संयम नहीं रख पाते हैं। वह भोजन करने के बाद गौतम बुद्ध के पास गये और तेज आवाज़ में उन्हें पूरी घटना के बारे में बताने लगे। उनकी आवाज़ सुनकर बाक़ी शिष्य भी इक्कठे हो गये। गौतम बुद्ध ने कहा कि उस शिष्य को यहाँ बुलाइये, युवा भिक्षुक को बुलाया गया उससे पूछा गया कि क्या ये जो कह रहे हैं वह सही है, क्या आपने किसी नारी को स्पर्श किया? युवा भिक्षुक ने याद करते हुए कहा कौन सी नारी? अच्छा वह जिसे शाम को मैंने कंधे पर बैठाकर नदी पार करवाई थी, उसे तो मैं नदी के किनारे पर छोड़कर मठ में आ चुका हूँ। वह भिक्षुक अपने से बड़े शिष्य को कहता है कि क्षमा कीजिएगा आप मुझसे बड़े हैं लेकिन आप अभी तक उस लड़की को कंधे पर बैठाकर घूम रहे हैं। जैसे ही उस युवा भिक्षुक ने यह कहा गौतम बुद्ध मंद-मंद मुस्कुराने लगे और अपने शिष्यों को कहा कि अगर आप भूतकाल में अटके रह जाएंगे तो जीवन में कभी आगे नहीं बढ़ पायेंगे। हमारे दोनों ही शिष्यों के सामने बड़ी चुनौती थी लेकिन इस युवा भिक्षुक ने अपनी जिम्मेदारी भी निभाई और गरिमा का भी ध्यान रखा। उस घटना के बाद वह उस नारी को भूल गये, यह भी भूल गये कि उन्होंने किसी नारी को छुआ था। वहीं मेरे दूसरे शिष्य जिसने उस नारी को छुआ तक नहीं और दूर से इस घटना को देखा वह अभी भी उस नारी को अपने कंधे पर रखकर चल रहे हैं।

यह छोटी-सी कहानी हमें सिखाती हैं कि कैसे हमे अपने अतीत से बाहर निकलना होगा। हममें से बहुत लोग पुरानी बातों को याद करके परेशान हो जाते हैं। अगर हम पुरानी बातों को याद करते रहेंगे तो ज़िंदगी बर्बाद हो जाएगी।

माफ़ करें और आगे बढ़ें

अपने अतीत से या अपने अतीत के भूत से बाहर निकलने का सबसे आसान और बढ़िया तरीक़ा है कि उसे माफ़ कर देना। भूतकाल में रुकने में कभी भी किसी का भला नहीं हुआ तो आपका और हमारा क्या होगा। अतीत में ही उलझे रहेंगे तो हम अपने बेहतर भविष्य के लिए काम कब करेंगे? ये अतीत रूपी भूत तो चाहता भी यही है कि आप आगे बढ़े ही नहीं बल्कि उसी साये में फँसे रहें। हमें इस भूत को समझना होगा, इससे डरना नहीं है बल्कि इसे भूलकर या इससे सीखकर आगे की ओर कदम बढ़ाना होगा। किसी ने कहा है कि **कभी भी अपने अतीत के कैदी मत बनो, वह सिर्फ़ एक सबक था आजीवन कारावास नहीं।**

भूत का वज़न

यूँ तो भूत का कोई वज़न नहीं होता लेकिन यह भी भारी और हल्का हो सकता है। हल्का वो जो होकर गुज़र गया, हो सकता है आपके मन में उसके लिए कोई हर्ष की भावना न हो लेकिन उसे बहुत देर तक याद करते रहने की कोई ख़ास वजह भी न हो। भारी वो जो गुज़र गया लेकिन जो आज भी याद है और शायद उसकी वजह से आप अंदर ही अंदर परेशान हैं। ऐसे भूतकाल को याद करते हुए हम पहले काश लगाते हैं, जैसे कि काश उस दिन मैं वहाँ गया नहीं होता, काश हम वापस ही आ गये होते। यहाँ यह भार 'काश' का नहीं भूत का है। किस्सों को समेटे रहना और इतिहास का बोझ उठाकर

चलना बेहद मुश्किल है, हमें ये मालूम होना ज़रूरी है कि किस अतीत को सहेजा जाए और किसे भुला दिया जाए। कई बार इस भार को उतार देना ज़रूरी है।

एक परिवार में दो भाई बड़े स्नेह के साथ रहते थे। कोई भी चीज़ लाते तो एक दूसरे के परिवार के लिए भी अवश्य लाते। छोटा भाई भी हमेशा बड़े भाई को आदर और सम्मान की दृष्टि से देखता। लेकिन एक दिन किसी बात पर दोनों में कहा सुनी हो गयी, बात बढ़ गयी और छोटे भाई ने बड़े भाई को अपशब्द कह दिए। वहीं से दोनों के रिश्तों में खटास आ गयी, पूरा एक साल बीत गया लेकिन दोनों में से किसी ने भी एक दूसरे से बात करने की कोशिश नहीं की। जब छोटे भाई की बेटी की शादी का अवसर आया तो उसने सोचा कि बड़े बड़े ही होते हैं, मैं जाकर उन्हें मना लेता हूँ। उसने भाई से पुरानी बातों के लिए माफ़ी माँगी और घर का विवाह कार्य संभालने का निवेदन किया। लेकिन बड़े भाई साहब तो मन में बात लेकर बैठे थे, इसलिए उन्होंने शादी में जाने से मना कर दिया, ये सुनकर छोटा भाई भी दुःखी हुआ लेकिन उसके प्रयास लगातार जारी थे। एक दिन एक रिश्तेदार ने छोटे को बताया कि तुम्हारा बड़ा भाई रोज़ाना एक महात्मा जी की कथा सुनने जाता है, उनकी सारी बातें भी वो मानता है। इसके बाद छोटा भाई उन महात्मा के पास पहुँचा और पिछली सारी बात बताते हुए अपनी ग़लती के लिए क्षमा याचना की और पश्चात्ताप व्यक्त किया। उसने संत से निवेदन किया कि आप मेरी बेटी के विवाह में मेरे बड़े भाई को आने के लिए कह दें।

दूसरे दिन जब बड़ा भाई कथा में गया तो महात्मा ने पूछा- क्यों तुम्हारे छोटे भाई के यहाँ कन्या का विवाह है तुम क्या काम संभाल रहे हो ?

उसने कहा कि मैं तो शादी में जा ही नहीं रहा हूँ, कुछ साल पहले मेरे छोटे भाई ने मुझे ऐसे कड़वे वचन कहे थे, जो आज भी मेरे हृदय में काँटे की तरह खटक रहे हैं।

महात्मा जी ने कहा- कथा के बाद मुझसे मिलकर जाना। कथा समाप्त होने के बाद बड़ा भाई महात्मा जी के पास पहुँचा तो उन्होंने पूछा, मैंने दो दिन पहले जो कथा सुनाई थी उसमें क्या कहा था ?

बड़े भाई को कुछ याद नहीं आ रहा था, एकदम चुप हो गया। महात्मा ने कहा कि देखो, मेरी बतायी हुई अच्छी बातें तो तुम्हें दो दिन भी याद नहीं रहीं और छोटे भाई के कड़वे बोल जो कई साल पहले बोले गये थे, वो आज भी तुम्हें शब्दशः याद हैं। जब तुम अच्छी बातों को याद ही नहीं रख सकते, तब उन्हें जीवन में कैसे उतारोगे? इसलिए यहाँ मत आया करो। ये सुनकर बड़े भाई की आँखें खुलीं और उसने सोचा और स्वीकार किया कि वास्तव में हम सब कड़वे शब्दों को दिल में बसाकर गाँठ बना लेते हैं। जीवनभर उसे सोचकर अपने मन में दूसरों के प्रति नफ़रत बढ़ाते जाते हैं। लेकिन बात करके उसे सुलझाने का प्रयास नहीं करते क्योंकि हमारा अहंकार हम पर हावी होता है। इसके बाद बड़े भाई ने महात्मा जी से भूल की माफ़ी माँगी और अपने छोटे भाई को माफ़ कर दिया।

भूत को भुलाने वाले ही भविष्य बना पाये

एक शब्द है-स्मृति और दूसरा शब्द है-विस्मृति। दोनों का ही अपना महत्त्व है। **स्मृति में सिर्फ़ वही रखना है जो काम का है, जिसे याद कर मुस्कान आये, जिसे याद कर आगे बढ़ने का रास्ता मिले**। इस दुनिया में सफलता की ऐसी कई गाथाएँ है जो बुरे समय और यादों को भूलाकर ही पूरी हुई हैं। दुनिया के किसी भी सफ़ल व्यक्तित्व की कहानी पढ़ेंगे तो ये बात सामान्यतः मिल जाएगी कि उनके जीवन में बहुत संघर्ष थे, बुरा समय था। लेकिन क्या उन्होंने उसी समय के बारे में सोचा, जवाब है नहीं। उन्होंने आगे बढ़ने के बारे में सोचा। किसी के परिवार में माता-पिता अलग हो गये थे, किसी के माता-पिता दुनिया ही छोड़ गये, किसी के परिवार में खाने के भी पैसे नहीं थे, लेकिन ये सारे महान लोग उस समय भी भविष्य बनाने में ही लगे रहे। अपनी हार को

भुलाकर, बुरे समय को भुलाकर बस आगे बढ़ने पर ध्यान देते रहे। एक बड़े बिजनेसमैन से मेरा मिलना हुआ था उन्होंने कहा मेरे परिवार में बिजनेस के नाम को लेकर झगड़ा कोर्ट तक पहुँच गया, कई साल उस झगड़े में बिताने के बाद मुझे लगा कि एक नया ब्रांड बनाता हूँ, उस नाम के मोह से बाहर निकलता हूँ। आज उस नये नाम के साथ उनका अपना एक बहुत बड़ा ब्रांड है।

भूत को वर्तमान हराएगा

भूत आपको डराता है, आपको सताता है तो यक़ीन मानिए आप स्वयं इसे हरा सकते हैं। कैसे? अपने वर्तमान से। वर्तमान में आने का सबसे अच्छा तरीक़ा है "ध्यान"। कुछ लोग आजकल इसे अपने जीवन में जोड़ चुके हैं और कुछ अभी भी प्रयास कर रहे हैं। लेकिन कुछ हैं जो इसकी शक्ति को जानते हैं लेकिन ध्यान शुरू नहीं करते। प्रतिदिन ज़्यादा नहीं सिर्फ़ 15 मिनट ध्यान से भी शुरुआत की जाए तो जीवन आसान होने लगेगा। वर्तमान महसूस होने लगेगा। **ध्यान करने से आप ये अनुभव करने लगेंगे कि जो भूतकाल आपको पकड़ कर बैठा था उसे इतना भी समय नहीं देना था।** जब-जब आप भूतकाल में अटकें ये घटना याद रखना। एक बार एक स्टैंड अप कॉमेडियन अपने इवेंट में पहुँचे और वहाँ पहुँची जनता के सामने जाते ही एक सवाल पूछा। उन्होंने वहीं उनके लिए जो एक ग्लास पानी भर कर रखा हुआ था, उस ग्लास को उठाया और जनता से पूछा इसका वज़न कितना होगा, लोगों ने कहा 200 ग्राम 250 ग्राम, उन कॉमेडियन ने पूछा इस ग्लास को मैं एक घंटे पकड़ कर खड़ा रहूँ तो क्या होगा लोगों ने कहा आपको हाथ में दर्द होगा, फिर उन्होंने पूछा पूरे दिन खड़ा रहूँ तो क्या होगा लोगों ने कहा आपका हाथ काम करना बंद कर सकता है हो सकता है आपको हॉस्पिटल ले जाना पड़े। कॉमेडियन ने पूछा तो क्या करें लोगों ने कहा ग्लास को पकड़ना क्यों है, पानी पीकर नीचे टेबल पर रख दीजिये। बस यही आपको करना है, वर्तमान में आने का सबसे अच्छा तरीक़ा यही है, ग्लास टेबल पर रखिए।

समान भाव रखना सीखिए

क्योंकि मैं प्रतिदिन श्रीमद्भगवद्गीता की यथार्थ व्याख्या- यथार्थ गीता जी का पाठ करता हूँ तो मैंने जीवन में भी उन बातों को अमल में लाना शुरू किया है, जो मैंने गीता जी से सीखी हैं। भगवान श्रीकृष्ण ने कहा है कि सुख और दुःख में समभाव भक्त यह विश्वास करते हैं कि केवल प्रयास करना ही उनके हाथ में है और फल प्रदान करना भगवान के हाथ में है। इस प्रकार अपने कर्मों के परिणाम में प्राप्त होने वाले अनुकूल या प्रतिकूल परिणाम को वे भगवान की इच्छा समझते हैं और उन्हें समभाव से स्वीकार करते हैं। **जीवन में जो घटा वो भी अच्छा था, जो घटेगा वो भी अच्छा होगा और जो घट रहा है वो भी अच्छा है।** ऐसे मनोभाव वालों का जीवन सरल बना रहता है।

भूत को वर्तमान न बनने दें

ये इस चैप्टर की सबसे ख़ास बात है। ध्यान रखना कि भूत कहीं वर्तमान न बन जाए। यानी जो बीत गया वो दोबारा न बीत जाए। यहाँ मेरा मतलब उन ग़लतियों से है जो आपने भूतकाल में कीं। ये ग़लतियाँ दोबारा मत दोहराना। उन्हें दोबारा दोहराया तो भूत को वर्तमान बनते देर नहीं लगेगी। **जिस तरीक़े से आप एक ख़ुशी को लेकर जीवन भर ख़ुश नहीं रहते वैसे ही एक ग़लती को लेकर जीवन भर दुःखी मत रहना।** बस ये याद रखना कि ग़लती दोहरानी नहीं है, ग़लती से सीखना है और आगे बढ़ जाना है। जैसे आपने बड़े होने पर भूत से डरना बंद कर दिया ठीक वैसे ही भूतकाल से भी डरना बंद कीजिए। खुले विचारों से खुली हवा में साँस लेते हुए वर्तमान का स्वागत कीजिए, वर्तमान को इतना अच्छा बनाइए कि कभी इस समय की याद भी आये तो आप भविष्य में इस बीते समय को याद करके मुस्कुरायें।

15

नियति

यूँ ही नहीं होती हाथों में
लकीरों के आगे उंगलियाँ
ऊपर वाले ने भी क़िस्मत से
पहले मेहनत को लिखा है!!

जब भी मैं नियति शब्द सुनता हूँ न तो यह सोचने लग जाता हूँ कि क्या सब कुछ पहले से लिखा हुआ है या हम भी थोड़ा कुछ लिख सकते हैं? आपको भी यह सवाल बार-बार परेशान करता होगा कि अगर सब कुछ लिखा ही हुआ है तो हम कर ही क्या सकते हैं? क्या हम लिखे हुए को मिटा सकते हैं? क्या हम लिखे हुए को बदल सकते हैं? नियति एक ख़ूबसूरत-सा शब्द है जिसे कुछ लोग भाग्य कहते हैं, कुछ लक कहते हैं, कुछ कहते हैं मेरा दिन ख़राब था और कुछ कहते हैं मेरा टाइम आयेगा...

कॉलेज का पहला दिन था और मैं अपनी क्लास कौन से रूम में लगी है ये ढूँढ ही रहा था कि एक सुंदर-सी आवाज़ ने कहा बीबीए वाले स्टूडेंट्स ऊपर वाले हॉल में पहुँचें क्लास वहीं लगी है।

मैंने पलटकर देखा तब तक वो आवाज़ शायद क्लास में ऊपर जा चुकी थी, क्लास में सबका इंट्रोडक्शन शुरू हुआ और मेरा ध्यान उस आवाज़ का नाम पता करने पर था सबसे लास्ट में एक इंट्रोडक्शन हुआ जो उसी सुंदर आवाज़ में था अपना नाम उसने नियति बताया। और शायद ये नियति में ही था कि नियति और मेरी दोस्ती हुई। नियति जितनी अच्छी दोस्त थी उतनी ही अच्छी इंसान भी। सबकी मदद करना नियति को बहुत अच्छा लगता था। नियति हमेशा कहती थी कि होता वही है जो लिखा हुआ है।

नियति का मानना था कि सब कुछ लिखा हुआ है, जैसे मेरे भाई का कुछ नहीं हो सकता, क्योंकि इसके काम ही ऐसे हैं। नियति के भाई का नाम नैतिक था। नैतिक बिल्कुल अपने नाम के विपरीत था। देर रात तक पार्टी के बाद घर लौटना, घर वालों से ढंग से बात नहीं करना ये उसकी फ़ितरत में शामिल था। एक दिन मैं नियति के घर पहुँचा तो घर का माहौल तनाव भरा था, मैंने कहा मैं बाद में आता हूँ तो अंकल ने कहा अरे बैठो तुम तो नियति के दोस्त हो तुम्हें तो पता होना ही चाहिए और इतना बोलकर अंकल रोते हुए बताने लगे कि नियति को कैंसर है और वह चंद दिनों की मेहमान है।

नियति कुछ महीनों बाद दुनिया छोड़कर चली गयी। उसकी बात सच हुई कि सब कुछ लिखा होता है। शायद उसका जाना भी लिखा हुआ था लेकिन फिर कुछ ऐसा हुआ जिसने नियति की बात को ग़लत ठहरा दिया। वो भाई जिसके लिए नियति कहती थी कि इसका कुछ नहीं हो सकता उसे अपनी बहन के जाने का ऐसा सदमा लगा कि उसने अपनी सारी बुरी आदतों को छोड़ दिया और जीवन बदल दिया।

उस शाम बरसात हो रही थी जब उसने मुझे कॉल करके बताया कि एक सरकारी नौकरी की परीक्षा में उसने टॉप किया है। भावुक आँखों से मैंने खिड़की से बाहर देखा तो मुझे ऐसा लगा कि नियति ऊपर ख़ुश है और उसकी ख़ुशी के आँसू बारिश की बूँदें बनकर बरस रहे हैं। दोनों एक ही परिवार के बच्चों की कहानी है लेकिन दोनों का सार अलग है। नियति में लिखा भी है और नियति बदलती भी है। ये संतुलन का खेल ऊपर वाले का है।

क्या सब कुछ भाग्य पर ही निर्भर है? क्या जो होगा वो नियति के अनुसार ही होगा? जब सब भाग्य से होता है तो फिर मेहनत का हमारे जीवन में क्या स्थान है? बचपन में ऐसे तमाम सवाल मेरे मन में उमड़ते रहते थे। लेकिन तार्किक सवालों के जवाब आसानी से कहाँ मिल पाते हैं...

हम अपने जीवन में कई बार कुछ होने की आशा करते हैं लेकिन हो कुछ और जाता है। शायद इसे ही भाग्य का लिखा या नियति कहते हैं। अक्सर कुछ बुरे होने पर भाग्य को दोष दे दिया जाता है वहीं अक्सर किसी के साथ कुछ अच्छा होने पर भाग्य को श्रेय दे दिया जाता है। लेकिन इस तरह की स्थिति में आख़िर बन्दे की मेहनत का क्या हुआ?

मेरे गुरुजी ने जब मेरे इन सारे सवालों का जवाब दिया तब जाकर मैं नियति को समझ पाया था। उन्होंने कहा कि "हमने ग्रंथों में पढ़ा है कि जो भाग्य में लिखा है वही होगा। लेकिन सच तो यह है कि ये कोई नहीं जानता कि भाग्य में आख़िर लिखा क्या है? क्या पता हमारे भाग्य में यही लिखा हो कि मेहनत से ही सब कुछ होगा। तो **जब कुछ ठीक से पता न हो तो मेहनत को ही हमेशा से प्राथमिकता देनी चाहिए**। मेहनत से कुछ न कुछ हासिल

तो होगा ही। मेहनत से या तो जो चाहिए वो मिल जाएगा या फिर एक नया अनुभव मिलेगा। इसीलिए जब कुछ बुरा हो जाए तो नियति को मान लो और फिर से से नियति को बदलने के लिए खड़े हो जाओ।

किसी ने बड़े कमाल की बात कही कि-

यूँ ही नहीं होती हाथों में लकीरों से आगे उँगलियाँ,
ऊपर वाले ने भी क़िस्मत से ज़्यादा मेहनत को लिखा है।

नियति- सबसे बड़ी पहेली

"शायद मेरा बिज़नेस चलना मेरी नियति में नहीं था।"

"शायद ये नौकरी उसकी क़िस्मत में ही नहीं थी।"

"सिविल सेवा एग्ज़ाम में मेरे लक ने मेरा साथ नहीं दिया।"

ये कुछ ऐसे वाक्य हैं, जो हम सालों से सुनते या कभी-कभी कहते भी आये हैं।

'नियति', 'क़िस्मत', 'लक' ये तीनों शब्द हमें अक्सर तब याद आते हैं, जब हम कुछ पाने से चूक जाते हैं।

दोस्तो, ये जो नियति होती है ना, ये बड़े कमाल की होती है। अपनी धुन में, अपनी मेहनत के दम पर आगे बढ़ने वालों को न ये सुनाई देती है और न ही कभी उन्हें दिखाई देती है। वहीं जो लोग अपने लक्ष्य से ज़्यादा बाक़ी चीज़ों पर अटके रहते हैं, ये अक्सर उनकी विफलता और कमज़ोरियों को ढकने के काम आती है। अब आप सोच रहे होंगे, नियति पर तो किसी का बस नहीं है, फिर हम इससे कैसे पार पा सकते हैं। आपकी बात भी अपनी जगह पर ठीक है, कि नियति पर किसी का बस नहीं। लेकिन नियति नाम की इस पहेली का हल भी इसी के भीतर छिपी दो चाबियों में होता है, जो अक्सर हमें नज़र नहीं आती।

वो पहली चाबी है- नीयत। नीयत यानी हमारी मंशा, हमारी इच्छाशक्ति।

ये एक तय बात है कि अगर किसी काम को पूरी इच्छाशक्ति के साथ किया जाए, तो उसमें सफलता मिलने की सम्भावना काफ़ी ज़्यादा बढ़ जाती है। क्योंकि, जब एक इंसान की इच्छाशक्ति मज़बूत होती है, तो उसे रास्ते की रुकावटें नहीं, बल्कि सिर्फ़ अपना लक्ष्य दिखाई देता है। और जब हमारे सामने हर वक़्त हमारा लक्ष्य हो, तो उसे हासिल करने से दुनिया की कोई ताक़त हमें नहीं रोक सकती।

लेकिन सिर्फ़ नीयत का होना काफ़ी नहीं है। जीवन में बड़े लक्ष्य को हासिल करने के लिए हमें एक और चाबी की ज़रूरत होती है।

वो दूसरी चाबी है- नीति। यानी हमारे नैतिक मूल्य। अब इस दूसरी चाबी की ताक़त को समझने के लिए एक कहानी पढ़ते हैं। यह कहानी मैंने अपने गुरुदेव भगवान से उनके प्रवचन में सुनी थी, एक राज्य में राजा अपने राजगुरु को सब कुछ मानता था। राजा हर निर्णय राजगुरु से पूछकर ही लेता था। एक दिन राजा ने अपनी पुत्री के विवाह के बारे में विचार किया और उसकी कुंडली राजगुरु को दिखाई। जब राजगुरु ने कुंडली देखी, तो चौंक गये। राजकुमारी की कुंडली विलक्षण थी। उसमें ये स्पष्ट दिख रहा था कि जिस भी राजकुमार से राजकुमारी का विवाह होगा, वह दुनिया का सबसे अमीर राजा बन जाएगा और उसके पास कभी संपत्ति की कमी नहीं होगी।

राजगुरु के मन में लालच आ गया। उन्होंने राजा से कहा, "महाराज, राजकुमारी की कुंडली बहुत अशुभ है। इससे जिसका विवाह होगा, उसका घर और आपका राज्य दोनों बर्बाद हो जाएंगे। इसका एकमात्र उपाय यह है कि राजकुमारी को एक बक्से में बंद करके नदी में प्रवाहित कर दिया जाए। बक्से में छेद रखेंगे ताकि हवा अंदर जा सके। जो कोई भी इस बक्से को पायेगा, वही उसका भाग्य विधाता होगा।"

राजा, जो राजगुरु की हर बात मानता था, इस योजना के लिए सहमत हो गया। राजकुमारी को स्वर्ण-आभूषणों से भरे एक बक्से में बैठाया गया और उसे नदी में प्रवाहित कर दिया गया।

राजगुरु जंगल में नदी किनारे एक विद्यालय चलाते थे, जिसमें वह गाँव के बच्चों को पढ़ाते थे। दौड़े, भागे और अपने विद्यालय पहुँचे। जाते ही छात्रों को आदेश दिया कि वे नदी किनारे जाकर एक बक्से का इंतज़ार करें। जैसे ही बक्सा आये, उसे उठाकर विद्यालय में लायें और कमरे में बंद कर दें। राजगुरु ने यह भी कहा, "मैं उस कमरे में रहूँगा, लेकिन चाहे मैं कितनी भी आवाज़ लगाऊँ, दरवाज़ा मत खोलना।"

विद्यार्थियों को यह काम दिलचस्प लगा, और वे नदी किनारे पहुँच गये। वे बक्से का इंतज़ार करने लगे। लेकिन नियति को कुछ और ही मंज़ूर था। उसी समय, एक राजकुमार अपने सैनिकों के साथ शिकार के लिए जंगल में आया हुआ था। जिसने शिकार के दौरान एक ज़िंदा भालू पकड़ रखा था। उसने नदी में बहता हुआ बक्सा देखा और सैनिकों को उसे लाने का आदेश दिया।

बक्सा खोला गया तो उसमें अनुपम सौंदर्य वाली राजकुमारी थी। राजकुमार ने राजकुमारी से उसकी कहानी पूछी। राजकुमारी ने अपनी पूरी व्यथा सुनाई। राजकुमार ने कहा, अब क्या करें? राजकुमारी बोलीं अब तो जो भी हैं आप ही मेरे सब कुछ हैं। पिताजी ने इसी आदेश के साथ ये बक्सा नदी में प्रवाहित किया था। ये सुनकर राजकुमार ने कहा जैसा आपका आदेश, दोनों ने वहीं जंगल में विवाह कर लिया।

इसके बाद, राजकुमार ने बक्से को ख़ाली करवाकर उसमें उस ज़िंदा भालू को बंद करवा दिया जिसे वह पकड़ लाया था, और बक्से को फिर से नदी में बहा दिया।

उधर, राजगुरु के विद्यार्थी नदी किनारे बक्से का इंतज़ार कर रहे थे। जब बक्सा आया, तो वे उसे ख़ुशी-ख़ुशी विद्यालय तक लेकर आये। उन्होंने बक्से को कमरे में बंद कर दिया, जहाँ पहले से ही राजगुरु मौजूद थे।

राजगुरु को पूरा यक़ीन था कि बक्से में राजकुमारी होगी। उन्होंने दरवाज़ा बंद कर बक्सा खोला, लेकिन जैसे ही बक्सा खुला, उसमें से तड़पता

हुआ ज़िंदा भालू बाहर निकल आया। भालू ने गुस्से में राजगुरु पर हमला कर दिया। राजगुरु चिल्लाते रहे, लेकिन बच्चों को उनकी बात याद थी- दरवाज़ा नहीं खोलना है। बच्चों ने दरवाज़ा नहीं खोला। फ़िर क्या था गिरते पड़ते राजगुरु ने चॉक उठाई और ब्लैकबोर्ड पर ये लिखा "ममो इच्छा देवनाशी देव इच्छा प्रबलम, राजद्वारे राजकन्या विप्र भालू भक्षितम।"

नीयत और नियति की इससे सुंदर कहानी नहीं हो सकती। एक छोटी-सी कहानी जो यही सिखाती है कि जीवन में नीयत आपकी नियति को निर्धारित करती है।

कई बार आपने लोगों को कहते हुए सुना होगा कि यह तो भाग्य में लिखा हुआ था।

क्या सब कुछ पहले से लिखा जा चुका है?

क्या नियति ही सब कुछ तय करती है?

ऐसे कई सवाल आपके मन में भी आते होंगे। और मन में सवाल आना बिल्कुल भी ग़लत नहीं है बल्कि सही ही यह है कि मन में सवालों का आगमन होता रहे।

शास्त्रों के अनुसार भाग्य में जो लिखा हुआ है उसे मनुष्य अपने कर्मों के माध्यम से बदल सकता है। हमारे महान ग्रंथ रामायण और गीता में भी कर्म की बात ही कही गयी है। कर्म को ही प्राथमिकता दी गयी है। भगवान राम चाहते तो उन्हें रावण से युद्ध के पहले इतनी तैयारी की आवश्यकता नहीं होती, वे पल भर में रावण को पराजित कर सकते थे लेकिन उन्होंने ऐसा नहीं किया और कर्म को प्राथमिकता दी। वहीं भगवान श्रीकृष्ण यदि चाहते तो बिना युद्ध किए भी पाण्डव जीत जाते, परंतु ऐसा नहीं हुआ। वहाँ सभी को कर्म करना ही पड़ा। भाग्य में भले ही बाधाएँ लिखी हो लेकिन कर्म से आप उन बाधाओं को पार कर सकते हैं।

नियति और भविष्य का गणित

नियति हमें हमारे भविष्य की झलक दिखाती है, लेकिन वह वैसा होता नहीं जैसा दिखता है। सोचिए, एक बीमार माँ के गर्भ में बच्चा है। वह माँ अपने बच्चे के लिए बड़े सपने देखती है—"मेरा बच्चा प्रतापी होगा, तेजस्वी होगा, और पूरी तरह स्वस्थ होगा।" लेकिन यदि वह माँ अपने वर्तमान स्वास्थ्य पर ध्यान न दे और केवल भविष्य के सपनों में खो जाए, तो वह बच्चा भी बीमार और कमज़ोर पैदा होगा। यदि बच्चे को स्वस्थ जन्म देना है, तो पहले माँ को अपना स्वास्थ्य ठीक रखना होगा। क्योंकि बच्चा कल का भविष्य है और माँ का वर्तमान स्वास्थ्य उस भविष्य को तय करेगा।

अब एक और उदाहरण लेते हैं। एक व्यक्ति सड़क पर 100 किमी/घंटा की रफ़्तार से कार चला रहा है। और कुछ देर पहले ही वह घर से शराब पीकर निकला था, अचानक उस पर नशा हावी होता है और इसके बाद उसकी गाड़ी दुर्घटनाग्रस्त हो जाती है और उसकी मौत हो जाती है। लोग कहते हैं, "यह उसकी क़िस्मत थी।" लेकिन सच यह है कि उसने स्वयं अपनी नियति बनाई। शराब पीकर गाड़ी चलाना यानी बिना सोच-समझ के निर्णय लेना, उसका अपना चुनाव था।

जीवन संभावनाओं और अवसरों का खेल है। जैसे क्रिकेट में केवल टॉस हारने का मतलब यह नहीं कि आप मैच हार गये, और टॉस जीतने का मतलब यह नहीं कि आप मैच जीत गये। उसी प्रकार, ग़रीब पैदा होना आपकी हार नहीं है, और अमीर पैदा होना आपकी सफलता की गारंटी नहीं है। आपकी सफलता इस बात पर निर्भर करती है कि आप जीवन का खेल कैसे खेलते हैं।

जीवन में आने वाले हर अवसर को आप कितनी तत्परता और सही तरीके से संभालते हैं, यही आपकी जीत तय करता है।

यह भी समझें कि **मेहनत का फल तभी मिलता है, जब मेहनत सही दिशा में, सही योजना और सही समय पर की जाए**। इसलिए, अगर आप अपने भविष्य को बेहतर बनाना चाहते हैं, तो अपने आज को सुधारें।

मैंने एक बड़े कमाल की कहानी सुनी थी दो भाईयों की, बड़ा भाई संत महात्माओं के प्रवचनों में जाता था, सद्गुणों को अपने जीवन में अपनाता था और हमेशा अच्छे कार्यों में व्यस्त रहता था। वहीं छोटा भाई मौज-मस्ती और पार्टियों में डूबा रहता था। उसे जीवन से कोई विशेष मतलब नहीं था। उसका मानना था कि जीवन सिर्फ़ आनंद लेने के लिए है। वह प्रवचन में जाने जैसी बातों को फालतू मानता था।

एक दिन बड़ा भाई शाम के समय घर लौट रहा था। तभी पीछे से एक गाड़ी ने उसे टक्कर मार दी। वह सड़क पर गिर गया और लहूलुहान हो गया। उसके पैर से ख़ून बह रहा था। जब छोटे भाई को इस घटना का पता चला, तो वह तुरंत उसे अस्पताल लेकर गया। अस्पताल में बड़े भाई का इलाज शुरू हुआ। उसी समय छोटे भाई के पास एक कॉल आया कि उसने 10 लाख रुपए की लॉटरी जीती है। वह ख़ुशी से बड़े भाई के पास आया और कहने लगा, "तुम इतना प्रवचन सुनते हो, अच्छे काम करते हो, फिर भी तुम्हारा एक्सीडेंट हो गया। और मुझे देखो, मैं मज़े करता हूँ, पैसे उड़ाता हूँ, और आज मैंने 10 लाख रुपए की लॉटरी भी जीत ली।"

बड़े भाई ने मुस्कुराते हुए कहा, "यह बड़ी अजीब बात है। हमें अपनी कुंडली ज़रूर देखनी चाहिए।" छोटे भाई ने भी सहमति जताई और कहा, "मैं भी यही सोचता हूँ कि तुम इतना करते हो, फिर भी तुम्हारे साथ ऐसा क्यों हुआ, और मैं तो बिना कुछ किए भी इतनी क़िस्मत वाला हूँ।"

दोनों भाइयों ने तय किया कि अस्पताल से छुट्टी मिलने के बाद वे शहर के बड़े ज्योतिषी के पास जाएंगे।

जैसा तय हुआ था, वे ज्योतिषी के पास गये। दोनों ने उन्हें प्रणाम किया और अपनी कुंडलियाँ उनके सामने रखीं। ज्योतिषी ने पहले बड़े भाई की कुंडली उठाई, लेकिन जैसे ही उन्होंने उसे देखा, तुरंत दूर रख दिया। उन्होंने कहा, "यह किस मनहूस व्यक्ति की कुंडली है? इस व्यक्ति की तो मौत हो जानी चाहिए थी। यह अब तक ज़िंदा कैसे है?"

इसके बाद उन्होंने छोटे भाई की कुंडली उठाई और तुरंत बोले, "यह व्यक्ति तो राज्य का मुख्यमंत्री बन चुका होगा। इससे मेरी मुलाक़ात तय करवा दो, मुझे भी मुख्यमंत्री से मिलने का सौभाग्य मिल जाएगा।"

दोनों भाई हैरान हो गये। उन्होंने कहा, "यह कुंडलियाँ हमारी ही हैं।" ज्योतिषी ने पूछा, "आप दोनों क्या करते हैं?"

बड़े भाई ने बताया कि वह हमेशा अच्छे कर्म करता है और धर्म का पालन करता है। छोटे भाई ने कहा, "मैं तो मज़े करता हूँ, पार्टी करता हूँ, और पैसा उड़ाता हूँ। ज़्यादा कुछ नहीं करता।"

यह सुनकर ज्योतिषी ने कहा, "बड़े भाई के भाग्य में तो मौत लिखी थी, लेकिन उन्होंने अपने कर्मों और अच्छे विचारों से इसे मिटा दिया। यह आज ज़िंदा हैं, यह इनके सद्कर्मों का परिणाम है। और छोटे भाई, तुम्हारे भाग्य में मुख्यमंत्री बनना लिखा था, लेकिन तुमने अपने कर्मों से अपने भाग्य को सीमित कर लिया और सिर्फ़ 10 लाख रुपए की लॉटरी जीतकर रुक गये।"

छोटी-सी कहानी बस यही सिखाती है कि **हमारा भाग्य चाहे जैसा भी हो, हमारे कर्म और विचार उसे बदलने की शक्ति रखते हैं।** नीयत और नीति मिलकर नियति का निर्माण करती हैं, अगर नीयत और नीति अच्छी हो तो नियति को सँवार सकती हैं।

क्या नियति ज़िंदगी का खेल बिगाड़ सकती है?

नियति, जिसे अक्सर भाग्य या "प्रारब्ध" भी कहा जाता है, हमारे जीवन के उन पहलुओं का प्रतीक है जो हमारे नियंत्रण से बाहर हैं। यह सवाल कि क्या नियति हमारी ज़िंदगी का खेल बिगाड़ सकती है, एक जटिल विषय है। इस पर चर्चा करते समय हमें न केवल आध्यात्मिक, बल्कि वैज्ञानिक और व्यावहारिक दृष्टिकोण को भी समझने की ज़रूरत है।

नियति का मतलब है वह शक्ति जो जीवन की घटनाओं को पहले से निर्धारित करती है। इसे भारतीय दर्शन में कर्म और भाग्य का परिणाम माना

गया है। मान्यता है कि हमारे पूर्वजन्मों के कर्म हमारी वर्तमान नियति तय करते हैं। लेकिन क्या यह सचमुच हमारी ज़िंदगी के खेल को बिगाड़ सकते हैं?

आध्यात्मिक दृष्टिकोण

आध्यात्मिक रूप से, नियति को कर्म का परिणाम माना गया है। श्रीमद्भगवद्गीता में भगवान कृष्ण ने भी कहा है कि व्यक्ति अपने कर्म से नियति को बदल सकता है। उन्होंने कहा, "कर्मण्येवाधिकारस्ते मा फलेषु कदाचन।" यानी हमें अपने प्रयासों पर ध्यान देना चाहिए, न कि परिणाम पर।

और विज्ञान का भी मानना है कि जीवन में अधिकांश घटनाएँ कारण-प्रभाव के नियम के तहत ही होती हैं। जो लोग नियति को जीवन का प्रमुख आधार मानते हैं, वे अक्सर प्रयास करने से बचते हैं। लेकिन वैज्ञानिक दृष्टि से **हमारी ज़िंदगी का बड़ा हिस्सा हमारे निर्णयों, आदतों और कार्यों पर निर्भर करता है।**

तो, यह कहना कि नियति ज़िंदगी का खेल बिगाड़ सकती है, पूरी तरह से सही नहीं होगा। क्योंकि हमारे प्रयास, साहस और धैर्य हमारी नियति को बदल सकते हैं। महान लोग जैसे डॉ. एपीजे अब्दुल कलाम, झाँसी की रानी लक्ष्मीबाई, या स्वामी विवेकानंद जी, इन महापुरुषों ने अपनी कड़ी मेहनत और आत्मविश्वास से अपनी नियति स्वयं लिखी।

नियति ज़िंदगी का खेल बिगाड़ सकती है, लेकिन केवल तब जब हम इसे बिगाड़ने दें। यदि हम अपने प्रयासों और सकारात्मक सोच के साथ काम करें, तो किसी भी नियति को बदला जा सकता है। **"नियति आपके हाथों में कुछ कार्ड्स देती है, लेकिन खेल आप कैसे खेलते हैं, यह आपकी स्वतंत्र इच्छा तय करती है।"** इसलिए, परिस्थितियों को नियति मानकर हार मत मानिए। अपनी इच्छाशक्ति और कर्म से अपनी कहानी ख़ुद लिखिए।

16

पर्याप्त

इस जहाँ में सबको गिला है
कि मुझे बहुत कम मिला है,
ज़रा सोचिए,
जितना आपको मिला है
उतना कितनों को मिला है

बचपन से आज तक कई बार मैं अपने बड़े-बुज़ुर्गों से सुनता आया हूँ कि जो आपके पास है उसी में ख़ुश रहो। हालाँकि मैंने अक्सर अपने बचपन में इस तरह की बातों का विरोध किया है। मेरा उनसे यही कहना रहा कि "जो है, उसी में ख़ुश रहेंगे तो लाइफ़ में आगे कैसे बढ़ेंगे?"

शायद मैं उस बालपन में अपने बड़े-बुज़ुर्गों की बातों को गहराई से समझ नहीं पाया था। असल में वे कहना चाहते थे कि जीवन में परमात्मा ने आपको जो दिया है उसमें ख़ुश रहना सीखो क्योंकि बाहर निकलकर देखोगे तो पता चलेगा कि कई लोगों के पास तो इतना भी नहीं है। जिनके पास आपसे कई गुना ज़्यादा संपत्ति है, शोहरत है लेकिन उनका जीवन ख़ुशहाल नहीं है क्योंकि उन्होंने 'जो उनके पास हैं, उन्हें हासिल है' उसमें ख़ुश रहना सीखा ही नहीं। वे हर दिन, हर पल भागते रहे ज़्यादा की तलाश में। इस प्रक्रिया में कुछ हासिल तो नहीं हुआ बल्कि जीवन का सुकून भी जाता रहा। साथ ही वे पल भी चले गये जब छोटी-छोटी ख़ुशियों का उत्सव मनाया जा सकता था।

जब उम्र और समझदारी में मैं थोड़ा-सा बड़ा हुआ तो समझ में आया कि अंतिम रूप में वे बड़े-बुज़ुर्ग अपने जीवन के अनुभव से यही कहना चाहते थे कि ज़िंदगी में सबसे ज़्यादा ज़रूरी है ख़ुश रहना और ख़ुशी तब ही आयेगी जब जीवन में संतुष्टि होगी। लक्ष्य के लिए मेहनत करना ज़रूरी है, समय के हिसाब से दौड़ना भी ज़रूरी है। लेकिन जिस पल जो मिला है उसमें ख़ुश रहना भी तो ज़रूरी है, क्योंकि पल कभी लौटकर नहीं आता। कहते हैं कि **जो प्राप्त है उसमें ख़ुश रहना भी एक कला है और जिसे यह कला आती है वह ग़मों से, नकारात्मकता से कोसों दूर रहता है**। इसलिए जीवन में आगे बढ़ा जाए, लेकिन जो प्राप्त है उसमें ख़ुश रहा भी जाए।

यह भी जीवन की सच्चाई है कि तंगहाली में ख़ुशहाली नहीं आयेगी

इस तथ्य को भी नकारा नहीं जा सकता कि इंसान भौतिक सुख-सुविधाओं से नहीं बल्कि अपने जीवन में आयी संतुष्टि से ख़ुश रहता है। हालाँकि यह भी सही है कि यदि हमारी बुनियादी ज़रूरतें ही पूरी नहीं हो रही हैं तो फिर जो प्राप्त है उसमें ख़ुश रहना बड़ा कठिन हो जाता है। रोज़ तंगहाली में जीवन बिताना और अगले दिन की चिंता करना, आख़िर कैसे जीवन में संतुष्टि होगी। इस तरह की स्थिति में किसी भी तरह की फ़िलोसफ़ी काम नहीं आती। क्योंकि हर एक व्यक्ति की, उसके परिवार की परिस्थिति अलग-अलग होती है। इसलिए अपनी परिस्थितियों से अपने हिसाब से मुकाबला करें लेकिन हार नहीं मानें। डटे रहेंगे तो आप अपने जीवन में बहुत कुछ प्राप्त कर लेंगे। और फिर उस प्राप्त को पर्याप्त मानकर जीवन में ख़ुश भी रह सकेंगे।

जो प्राप्त है, क्या वो वाक़ई पर्याप्त है?

एक सवाल आपके भी दिमाग़ में घूमता रहता होगा कि जो हमें प्राप्त है, क्या वो वाक़ई पर्याप्त है? इस सवाल के दो जवाब हो सकते हैं कि अगर प्राप्त को ही पर्याप्त मान लोगे तो बढ़ना बंद कर दोगे लेकिन दूसरा जवाब ये भी है कि अगर प्राप्त को पर्याप्त नहीं मानोगे तो इस पल में जीना ही बंद कर दोगे। यदि जीवन को ख़ुश रहकर जीना चाहते हो तो पहले जवाब से ज़्यादा ज़रूरी दूसरा जवाब है क्योंकि बढ़ने से ज़्यादा उस पल को जीना ज़रूरी है जिसमें हम अभी हैं। यानी जीवन के लिए ख़ुश रहना ज़रूरी है। फ़्रांसीसी लेखक आँद्रे ज़ीद (Andre Gide) ने कहा हैं कि **"ख़ुश रहना मनुष्य की ज़रूरत ही नहीं है, बल्कि यह उसका नैतिक उत्तरदायित्व है। हमारे सुख-दुःख की छूत दूसरों को भी लगती है। इसलिए हमारा कर्तव्य है कि न हम उदास हों और न दूसरों को उदास करें।"** आप संतुष्टि का एहसास लेकर ख़ुश रहेंगे तो आपके आस-पास का वातावरण भी ख़ुशहाल रहेगा।

अक्सर ऐसा होता है कि हम कल के लिए आज को ही जीना बंद कर देते हैं। शायद उस क्रम में हम बहुत कुछ खो देते हैं। क्योंकि कहते हैं न आपका पैसा हो या कुछ और क़ीमती चीज़ हो, वह भी लौटकर वापस आ सकती है लेकिन आपका बीता हुआ समय लौटकर नहीं आता। इसीलिए, जो प्राप्त है उसमें संतुष्ट रहना भी ज़रूरी है। यक़ीनन आप अपने लक्ष्य के लिए ख़ूब सारी मेहनत कीजिए लेकिन जो हासिल हुआ है उसका भी दिल खोलकर स्वागत करें।

सबसे बड़ी सफलता है 'पर्याप्त'

आपको जीवन में जो भी मिला है उसके लिए ऊपर वाले के आभारी रहें और उसमें संतोष रखें। हालाँकि कई लोग अपने पास जो हैं उसमें ही ख़ुश हो जाने को अपनी तरक्क़ी में बाधा मानते हैं और परेशान हो जाते हैं। इससे बचने के लिए आप आगे बढ़ने की लागातार कोशिश करें पर यदि इसमें सफलता न मिले तो उससे निराश न हों इसे ही असली संतोष कहते हैं। यक़ीन मानिए, यदि आप अपने जीवन में जो पा सके हैं उसमें संतुष्ट हैं, तो यह एक बहुत बड़ी सफलता है।

वर्तमान में जियें, यानी आज में ख़ुश रहें

दुनिया में ऐसे लोगों की कमी नहीं हैं जो भविष्य की चिंता में अपने वर्तमान को गँवा बैठते हैं। अंत में लक्ष्य हासिल भी हो जाता हैं तो बहुत कुछ छूट जाता है। इसलिए इस बात का विशेष ध्यान रखें कि भविष्य की चिंता में अपना आज नहीं गवायें। भविष्य की योजनाओं का चिंतन ज़रूर करें लेकिन उसे अपनी चिंता नहीं बनाये। **वर्तमान में ख़ुश रहकर और हर काम पूरे मन से करके ही आप अपने भविष्य को सुखद बना सकते हैं।** संतुष्टि के साथ लक्ष्य के लिए प्रयास करना बड़ी बात है।

लोगों की क़द्र करें, ख़ुशी मिलेगी

कई लोग सफलता को सिर्फ़ पैसों से और प्रॉपर्टी से आँकते हैं। लेकिन मेरे जीवन का अनुभव कहता है कि आपके जीवन में कमाए गये 'रिश्ते और लोग' पैसों से ज़्यादा अनमोल होते हैं। इन्हीं लोगों की दुआओं और साथ से आप जीवन में आने वाली हर कठिनाई से लड़ सकते हैं। **सिर्फ़ ज़्यादा पैसे कमाकर आपको उतनी संतुष्टि नहीं मिलेगी जितनी लोगों का विश्वास और प्यार कमाने से हासिल होती है**। जब आप हर एक व्यक्ति की क़द्र करेंगे तो आपको जो सुकून मिलेगा उसका एहसास बड़ा ख़ूबसूरत होगा।

'पर्याप्त' की सोच ही बचाएगी आपको लालच से

ज़्यादा...और ज़्यादा, इससे भी ज़्यादा, इस भावना से बचकर रहें। ज़रूरत से ज़्यादा पाने की इच्छा हमें आज मिलने वाली ख़ुशियों से भी दूर कर देती है। इससे हमारा तनाव और दुःख बढ़ता ही जाता है, जिससे हम अपने साथ होने वाले सकारात्मक पहलुओं को भी देख और समझ नहीं पाते हैं। यदि आपने अपने जीवन में जो पाया है उसमें संतुष्ट रहेंगे तो लालच से कोसों दूर रहेंगे। और लालच से दूर यानी सुखद जीवन के बहुत नजदीक।

संतुष्ट रहकर अपनी कमियों पर काम करें

उसके पास कार है मेरे पास तो सिर्फ़ एक बाइक ही है, मेरे दोस्त ने अपना घर ले लिया और मैं अभी तक किराए के मकान में रह रहा हूँ। इस तरह के नकारात्मक विचार न तो आपको आगे बढ़ने में सहायता करते हैं और न ही आप अपने आज में ख़ुश रह पाते हैं। यह हमेशा याद रखें कि दुनिया में ऐसे बहुत से लोग हैं जिनके पास वो सब भी नहीं हैं जो आज आपके पास हैं। इन सब बातों को सोचने से अच्छा है कि हम अपनी कमियों पर काम करें, आने वाला कल और भी ख़ूबसूरत होगा।

जीवन की संतुष्टि पर या जीवन में जो मिला है उसकी ख़ुशी पर तिब्बत की एक प्रसिद्ध कहानी है। तिब्बत के पहाड़ों पर एक तालाब था जो चारों तरफ़ पेड़ों से घिरा हुआ था और वो चमत्कारी था। उस अद्भुत गुण वाले सरोवर के बारे में मान्यता थी कि यदि कोई उसमें डुबकी लगा ले तो बाहर निकलने के बाद उसका रूप बदल जाएगा। जानवर कूद जाए तो मनुष्य बन जाए, मनुष्य कूद जाए तो देवता बन जाए। उसके इस गुण के बारे में कम लोगों को ही पता था और उनमें से भी कुछ ही लोग थे जिन्होंने इसे ढूँढने की कोशिश की थी लेकिन वह उन्हें मिला नहीं क्योंकि उसका रास्ता बहुत कठिन था।

'हालाँकि जहाँ लक्ष्य बड़ा होता है, वहाँ का रास्ता कठिन ही होता है। कठिन रास्ते पर चलकर ही बड़े-बड़े इतिहास रचे गये हैं। इसीलिए कहा भी गया है कि जब लक्ष्य के लिए पूरी मज़बूती के साथ प्रयास किए जाते हैं तो सफलता भी ज़रूर मिलती है।'

फिर एक दिन यह हुआ कि एक विद्वान को वह सरोवर मिल गया और बिना देरी किए उन्होंने उसमें छलांग लगा दी और जब वे बाहर निकले तो वे देवता बन चुके थे। यह सारा दृश्य पेड़ पर बैठे एक बंदर-बंदरिया के जोड़े ने देख लिया। उन्होंने एक दूसरे से कहा कि यह तो एक चमत्कारी सरोवर है और हमें इसके बारे में मालूम ही नहीं था। हमने अभी तक इसमें डूबकी क्यों नहीं लगाई।

'अक्सर ये होता है कि जो हमारे आसपास होता है, हमें उसकी अहमियत ही नहीं मालूम होती। और हम बाहरी दुनिया में न जाने क्या खोजते रहते हैं। बंदर और बंदरिया के साथ भी यही हुआ। वे जीवन भर उस सरोवर के आसपास रहे पर उसे पहचान नहीं पाये।'

बस फिर क्या था बंदर और बंदरिया ने बग़ैर देरी किए उस चमत्कारी सरोवर में डुबकी लगा दी और मनुष्य बनकर बाहर आ गये। दोनों ने एक दूसरे को देखा और सोचा की बताओ यहाँ रहते हुए भी हमें सरोवर के

चमत्कार के बारे में मालूम ही नहीं था। इसके बाद बंदर के मन में एक और बात आयी कि अब जब हम मनुष्य बन गये हैं तो क्यों न एक बार और छलांग लगायें और देवता बन जाएं। बंदरिया जो कि सुंदर नारी बन चुकी थी उसने कहा कि "नहीं अब हम मनुष्य बन गये हैं इतना ही बहुत है। हमारे तो पुरखों ने भी कहा है कि "अति सर्वत्र वर्जयेत।" यह बात सुनकर बंदर ने कहा कि "तुम पागल हो चुकी हो मैं तो फिर से छलांग लगाऊँगा तुम्हे आना है तो आ जाओ।" बंदरिया ने मना कर दिया। बंदर तुरंत पेड़ पर चढ़ गया और सरोवर में छलांग लगा दी लेकिन देवता बनने की जगह वो वापस बंदर बन चुका था। क्योंकि उस सरोवर का एक सबसे महत्त्वपूर्ण नियम ये था कि बदलाव सिर्फ़ एक ही बार होता था दूसरी बार के लालच का मतलब था पुनः उसी रूप में आ जाना जिस रूप में पहले छलांग लगाई थी। ये बंदर मनुष्य से वापस बंदर बना और गुस्से में एक पेड़ से दूसरे पेड़ छलांग लगाते हुए गाँव में जा पहुँचा जहाँ एक मदारी ने इसे पकड़ लिया। और उधर वो बंदरिया जो अत्यंत सुंदर महिला बन चुकी थी उसकी शादी एक राजा से हो गयी। नियति का खेल देखिए कि मदारी उस बंदर को पकड़ कर राजा के दरबार में खेल दिखाने के लिए ले गया। तब बंदर ने देखा कि जो बंदरिया मनुष्य बन चुकी थी वह अब रानी बनकर सिंहासन पर बैठी थी और वह चाहकर भी कुछ नहीं कर पा रहा था। जो बंदरिया रानी बन चुकी थी वो बंदर को तुरंत देखते ही पहचान गयी और उसने दरबार को संदेश दिया जो कि वो असल में बंदर से कहना चाहती थी उसने कहा कि आगे से कभी भी लालच मत करना, जितना मिले उसमें ख़ुश रहने का प्रयास करना।

तिब्बत की ये कथा बताती है कि जीवन में इच्छाओं का होना बहुत ज़रूरी है लेकिन एक समय के बाद जो प्राप्त है उसमें पर्याप्त वाला भाव होना भी ज़रूरी है। हममें से अधिकतर लोग अपने पास जो है उससे और ज़्यादा पाने के लालच में भागते रहते हैं और जो हमें मिला होता है, उसमें जी नहीं पाते हैं। जीवन में ख़ुश रहकर जीना ही सबसे ज़रूरी है। मेरे नाना जी कहते थे जितना जियो मुस्कुरा कर जियो। आज भी मैं उनके इस महत्त्वपूर्ण मंत्र को साधकर ही जीवन में आगे बढ़ रहा हूँ।

किसी ने बड़े कमाल की बात कही है-

लाइफ़ में ख़ुश रहना ही ख़ुशी है।

नोबेल पुरस्कार विजेता और 'थिंकिंग फास्ट एँड स्लो' के लेखक डैनियल काह्नमैन की एक स्पीच मैंने सुनी थी जिसमें उन्होंने बताया लाइफ़ में ख़ुश रहना ही ख़ुशी है। हम इसे तुरंत और क्षण भर में अनुभव करते हैं।

एक रिसर्च के अनुसार पाँच बातें बतायी गयी हैं जो आपके लिए बदलाव ला सकती हैं-

1. अच्छे दोस्त और अच्छे रिश्ते

बहुत सारे क़रीबी दोस्त होने से जीवन में संतुष्टि लगभग 20% बढ़ जाती है।

रिसर्च के अनुसार बेस्ट फ्रेंड रखने से 19% अधिक जीवन संतुष्टि और 23% अधिक आशावाद की भावना जुड़ी हुई थी।

अगर आपके पड़ोसी अच्छे हैं और आपके संबंध पड़ोसियों से भी परिवार जैसे हैं तो पड़ोसियों के बारे में सकारात्मक भावनाएँ आपकी लाइफ़ में संतुष्टि को 16% बढ़ा देती है और अकेलेपन की भावनाओं का अनुभव करने की संभावना भी 25% कम हो जाती है।

2. लाइफ़ एक कहानी है इस कहानी को लिखिए

रिसर्च से पता चलता है कि जीवन में अर्थ उन कहानियों से आता है जो हम अपने जीवन के बारे में ख़ुद को बताते हैं। क्या आपने कभी उस कहानी को लिखने का प्रयास किया है? जो लोग ऐसा करते हैं वे अपने जीवन में 10% से अधिक ख़ुश होते हैं। जिन लोगों ने अपने जीवन के इतिहास के बारे में लिखा, उनके अपने जीवन में ख़ुशी महसूस करने की संभावना 11% अधिक थी और भविष्य के बारे में पॉजिटिव महसूस करने की संभावना 17% अधिक थी।

3. **लाइफ़ में लक्ष्य रखिए**

लक्ष्य वाले लोग अपने जीवन से लगभग 20% अधिक संतुष्ट होते हैं। जो लोग अपने लक्ष्य की पहचान कर सकते थे, उनके अपने जीवन से संतुष्ट महसूस करने की संभावना 19% अधिक थी और अपने बारे में सकारात्मक महसूस करने की संभावना 26% अधिक थी। लक्ष्यों का मतलब यह नहीं है कि आपको ऑस्कर जीतने या दस लाख रुपये कमाने की ज़रूरत है। लगातार छोटी-मोटी सफलता कभी-कभार किसी हाथी को मिलने की तुलना में कहीं अधिक संतुष्टि पैदा करती है। उन लोगों की तुलना में जिनके पास लगातार छोटी-मोटी उपलब्धियाँ हैं, जीवन में संतुष्टि की संभावना 22% अधिक है, जो केवल बड़ी उपलब्धियों में रुचि व्यक्त करते हैं।

4. **हर सवाल का जवाब पैसा नहीं है**

लोग जितने अधिक Materialistic होते हैं, वे अपने जीवन से उतने ही कम संतुष्ट होते हैं। आपके जीवन का अगर आपको सही मतलब सही अर्थ पता है तो जीवन की संतुष्टि पैसे से भी दोगुनी बढ़ जाती है।

5. **आगे बढ़ते रहो**

कुछ लोगों को लगता है कि कॉलेज पास आउट करने के बाद सीखना नहीं है, पढ़ना नहीं है.. असल मायने में तो जीवन सिखाना ही तब शुरू करता है जब आप अपने अनुभव से सीखने लगते हैं। जिन वृद्ध लोगों ने पढ़ना और सीखना जीवन भर जारी रखा वो अपने जीवन में बहुत ज़्यादा संतुष्ट थे। इस रिसर्च में पचास वर्ष से अधिक आयु के लोगों ने कहा कि वे उन विषयों के बारे में सीखना जारी रखते हैं जिनमें उनकी रुचि हैं, उनके अपने जीवन से संतुष्ट महसूस करने की संभावना 18% अधिक थी और महत्त्वपूर्ण महसूस करने की संभावना 43% अधिक थी।

लेकिन याद रखिए, जीवन में सब कुछ मत बदलिए। अपने संस्कारों को बनाये रखना और उन्हें आने वाली जनरेशन तक पहुँचाना ही सबसे ख़ूबसूरत संतुष्टि है।

17

आभार

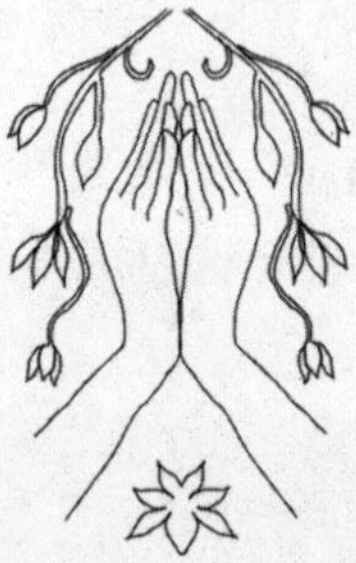

हमारी ज़िंदगी में सभी का योगदान होता है
समंदर चाहे जितना महान हो जाये उसमें
नदियों का पानी तो उधार होता है!!

आभार दुनिया का सबसे ख़ूबसूरत शब्द है, जिसका हासिल है औरों के साथ स्वयं की ख़ुशी।

किसी के प्रति ग्रैटिट्यूड होना, कृतज्ञ होना, आभारी होना बहुत ही ख़ूबसूरत अहसास है। जो इस ख़ूबसूरती को बरक़रार रखता है वह ताउम्र ख़ुश रहता है। जब भी बात आती है शुक्रिया अदा करने की तो हममें से कई लोगों को लगता है कि भला शुक्रिया क्यों अदा करना और ख़ासकर जो अपने हैं, उन्हें शुक्रिया कहकर औपचारिकता क्यों निभाना? मैं भी अपने बचपन में इसी तरह के भ्रम में रहा हूँ। लेकिन जब थैंक यू कहना शुरू किया, किसी की भी छोटी-सी मदद के प्रति उनका आभार जताया तो एहसास हुआ कि इस प्रक्रिया में मुझे भी तो ख़ुशी मिल रही है। बस तभी से कृतज्ञता का यह क्रम अपने जीवन में उतार लिया। अब मैं सभी से कहता हूँ जब कभी मौक़ा मिले आप सभी को थैंक यू कहें। यदि आपको लगे कि थैंक यू बोलना फॉर्मल हो जाएगा तो कोशिश कीजिएगा कि आप किसी और तरीक़े से उन्हें धन्यवाद अदा कर सकें। उन्हें स्पेशल फ़ील करवायें क्योंकि यदि आपने उन्हें स्पेशल फ़ील करवाया तो आपको भी ख़ुशी ही मिलेगी।

बचपन से मुझे मेरे पापा-मम्मी ने सिखाया कि रोज़ सुबह जागते ही ऊपर वाले को धन्यवाद दो कि आपने मुझे नया दिन दिया। हालाँकि मुझे बचपन में ये बात सुनकर हर बार ऐसा लगता था कि इसमें कौन सी बड़ी बात है, अगला दिन तो आना ही है। जब रात हुई है तो सवेरा होना ही है। लेकिन जब बड़े होने पर जीवन मृत्यु का चक्र समझ में आने लगा तो पता चला कि हर रात सोने पर ये ज़रूरी नहीं कि अगला सवेरा देखने को मिले क्योंकि कई लोगों के लिए वह रात आख़िरी भी हो सकती है। हालाँकि सुनने में ये बात नकारात्मक लग सकती है लेकिन जीवन का कड़वा सत्य तो यही है न कि किस पल में क्या हो जाए किसी को पता नहीं। ये जो हर पल साँस आ रही है धन्यवाद

तो इसका भी करना चाहिए। मेरे पैरेंट्स की तरह आपके बड़ों ने भी यही सिखाया होगा कि **हर दिन जागने के बाद आप सबसे पहले सर्वशक्तिमान को धन्यवाद देते हुए कहिए कि आपने मुझे आज फिर एक और नया दिन दिया है।** मुझे फिर मौक़ा दिया है कि मैं अपने आज को कल से बेहतर और अपनी ज़िंदगी को और भी ख़ूबसूरत बना सकूँ।

दुनिया को ज़रूरत है बेहतर इंसानों की

कृतज्ञता कहिए, आभार कहिए, धन्यवाद कहिए, शुक्रिया कहिए या फिर थैंक यू कहिए... ये शब्द आपको जीवन में बेहतरीन इंसान बनने में मदद करते हैं।

इस दुनिया में हर एक व्यक्ति सफल बन जाए ये शायद मुमकिन नहीं लेकिन सब बेहतरीन इंसान बन जाएं ये तो मुमकिन है। तो क्यों न जो मुमकिन है उसकी ओर कदम बढ़ाया जाए। मेरा मानना है कि इस दुनिया में सफल लोगों से ज़्यादा ज़रूरत बेहतरीन लोगों की है इसलिए इस ओर आगे बढ़ना उचित फ़ैसला होगा। और यदि आप लोगों के प्रति कृतज्ञ हैं, आप लोगों के द्वारा दी जाने वाली छोटी से छोटी सहायता के प्रति आभारी रहते हैं तो आप बेहतरीन इंसान बनने के क्रम में हैं। लगातार इस ओर आगे बढ़ते रहिए क्योंकि ये बड़ी सुकून वाली राह है, जितना आप इस ओर आगे बढ़ेंगे उतना ही समृद्ध होते जाएंगे।

शेक्सपियर ने कहा है कि 'महँगे उपहार से ज़्यादा महत्त्वपूर्ण है, जिन्हें उपहार दे रहे हैं उनका सम्मान हो।' यह कथन कहता है कि किसी को कोई भी उपहार देने से महत्त्वपूर्ण यह है कि हम उन्हें पहले सम्मान देना सीखें। सम्मान के लिए सबसे पहला और ज़रूरी कदम है आभारी होना। कई लोग हैं जिन्हें आभार प्रकट करना नहीं आता। शायद उन्हें पता नहीं होता कि उन्हें जो मिला वो भी कई लोगों के नसीब में नहीं है। शायद उनमें हमेशा और की चाहत है और वे मानते हैं कि ये जो मिला है ये तो हम डिजर्व करते थे

इसमें किस बात का शुक्रिया। लेकिन कृतज्ञता इस बात की कि जो हमें मिला वह बेस्ट है, इससे हम आगे भी बहुत कुछ हासिल करेंगे। किसी का आभार प्रकट करने में आप छोटे नहीं होते बल्कि और भी मज़बूत होते हैं।

व्यक्तित्व के बहुत से पहलुओं पर रिसर्च करने वाले मनोवैज्ञानिक भी मानते हैं कि जब आप किसी के प्रति आभारी होते हैं तो सिर्फ़ उन्हें ही अच्छा नहीं लगता बल्कि आप भी पहले से बेहतर महसूस करते हैं। यह अहसास ज़िंदगी के मनोबल के लिए बहुत ज़रूरी होता है। इसी मनोबल से आप अपने लक्ष्य के प्रति आगे बढ़ते जाते हैं। यानी कह सकते हैं कि कृतज्ञता न सिर्फ़ सामने वाले की नज़र में आपको बड़ा बनाती है बल्कि स्वयं के नज़रिए से भी समृद्ध बनाती है।

एक छोटी-सी कहानी मुझे याद आती है जब-जब बात आभार की आती है। एक बार तीर्थ यात्रियों से भरी बस, दर्शन के बाद, तीर्थ यात्रियों को लेकर वापस लौट रही थी। अचानक मौसम पलट गया, बारिश होने लगी, आँधी चलने लगी और साथ में बिजलियाँ चमकने लगीं। जिस बस में यात्री जा रहे थे उस बस से थोड़ी ही दूर पर ज़ोरदार धमाका हुआ और बिजली गिरी। जो यात्री अंदर बैठे थे उन्हें घबराहट होने लगी, उन्हें लगा हम दर्शन करके आ गये लेकिन हमारे पाप नष्ट नहीं हुए हैं। अभी भी हमारे पापों का अंत होना बाक़ी है इसलिए मृत्यु हमारे नज़दीक आ गयी है।

तभी बस के ड्राइवर ने बस रोक दी और कहा- मैंने सही सुना, ये भाई साहब ठीक ही कह रहे हैं कि पापों का अंत नहीं हुआ लेकिन बस थोड़ा-सा कहना चाहता हूँ ये बात आप सब पर लागू नहीं होती हाँ आप में ज़रूर कोई ऐसा है जिसके पाप नष्ट नहीं हुए और उस एक की मृत्यु आज तय है। लेकिन आप ही बताइए एक व्यक्ति के चक्कर में सब अपनी जान दाँव पर क्यों लगायें?

तो एक यात्री ने कहा फिर आप ही बताइए उस पापी को ढूँढें कैसे?

ड्राइवर ने कहा बड़ा आसान है। वो सामने पेड़ दिखाई दे रहा है। सब एक-एक कर के वहाँ तक जाएंगे, पेड़ को छूकर वापस आएंगे। जिसकी भी मृत्यु आज निश्चित है वो आज दुनिया छोड़कर चला जाएगा। इस भयानक मौसम में बाक़ी सबकी जान बचाने का यही एक तरीका है।

सब यात्री इस बात से सहमत थे। एक-एक करके सबने जाना शुरू किया इस सबके बीच कंडक्टर भी वहाँ गया और पेड़ छू कर वापस आ गया। जब ड्राइवर की बारी आयी तो वो डरते-डरते वहाँ गया उसे लगा मेरा ही आइडिया है कहीं ऐसा न हो मैं ही वो पापी आदमी हूँ।

सब सुरक्षित जाकर वापस आ गये अब बारी बस में बची आख़िरी तीर्थ यात्री की थी जो कि एक वृद्ध महिला थीं। सबकी निगाहें उन्हें देख रही थीं और सब उन्हें देखकर मन में सोच रहे थे कि यही हैं जिनके प्रभु दर्शन के बाद भी पाप नष्ट नहीं हुए।

वो वृद्ध माता जी धीरे से बस से उतरीं और प्रभु का नाम लेते हुए सामने दिख रहे पेड़ के पास पहुँचीं। जैसे ही उन्होंने पेड़ को छुआ ज़ोर का धमाका हुआ। बिजली गिरी लेकिन बिजली उस पेड़ पर नहीं बिजली गिरी उस बस पर जिसमें बाक़ी सब यात्री थे।

इन एक पुण्यात्मा की वजह से वो सब सुरक्षित थे लेकिन जैसे ही ये बाहर आयीं बस पर ख़तरा बढ़ गया।

ये छोटी-सी कहानी आजकल का हमारा जीवन है। हम सभी को इसी निगाह से देखते हैं कि ये हमारा बुरा सोच रहा होगा या ये बुरा ही है।

किसी ने बड़े कमाल की बात कही है-

हमारी ज़िंदगी में सबका योगदान होता है
समंदर चाहे जितना महान हो नदियों का पानी
उसमें उधार होता है।

आपको भी पता नहीं होता कि आपके अपनों की प्रार्थनाएँ प्रभु स्वीकार करते हैं और उन प्रार्थनाओं की वजह से भी आपके जीवन में बहुत कुछ अच्छा होने लगता है। सबको दोष-दृष्टि से देखना बंद कीजिए और अपने आस-पास के लोगों का आभार प्रकट करना शुरू कीजिए।

जिस दिन आपकी ऐसी सोच हो गयी उस दिन से आप बेहतरीन इंसान बन जाएंगे। आपकी आत्मा के शुद्धिकरण की प्रक्रिया शुरू हो जाएगी, आपके विचारों के शुद्धिकरण की प्रक्रिया शुरू हो जाएगी।

रिश्तों को मज़बूती देता है 'आभार'

सही रूप में देखा जाए तो आभार प्रकट करने से आप रिश्तों की अहमियत जान पाते हैं। जब भी आप अपने किसी संबंधी या परिचित को आभार देते हैं, तो इससे आपके रिश्ते मज़बूत होते हैं। यानी आभार प्रकट करके आप उन्हें इसी तरह मदद करने और अच्छा बने रहने के लिए प्रोत्साहित करते हैं। किसी के अच्छे काम के लिए उनकी प्रशंसा करना और किसी की मदद के लिए उनका आभार जताना हर रिश्ते के लिए महत्त्वपूर्ण है। **कृतज्ञता की एक छोटी-सी अभिव्यक्ति हर एक रिश्ते को मज़बूत बना देती है।**

आभार प्रकट करने से पहले किसी की उम्र या हैसियत नहीं देखें, बस अपने दिल से उन्हें आभार व्यक्त करें। यदि किसी ने आपके छोटे-से काम को पूरा करने के लिए भी मदद की है तो उसे धन्यवाद ज़रूर दें। **धन्यवाद देकर न सिर्फ़ आप सामने वाले की अहमियत बढ़ाते हैं बल्कि आप उनकी नज़रों में अपनी महत्ता भी बढ़ाते हैं। आभार प्रकट करने से आपके व्यवहार में एक तरह की विनम्रता आ जाती है।** जब भी आप आभार प्रकट करते हैं तो आप अपने अहंकार को एक तरफ़ रखकर दूसरे व्यक्ति के कार्य की सराहना करते हैं। आप समझ पाते हैं कि वह इंसान आपके जीवन में कितना महत्त्वपूर्ण स्थान रखता है।

जहाँ कृतज्ञता, वहाँ विनम्रता

जहाँ कृतज्ञता का भाव जाग्रत होता है वहाँ पर विनम्रता होती ही है। इसीलिए कहा भी गया है कि विनम्रता मनुष्य का सबसे बड़ा गुण होता है। जहाँ पर विनम्रता नहीं है वहाँ पर धैर्य भी नहीं है। हम हमेशा से ही अपने आस-पास के लोगों में कृतज्ञता और विनम्रता चाहते हैं क्योंकि यह एक ख़ूबसूरत अहसास है। इसी भाव में अपनापन भी झलकता है। तो सही अर्थों में बात यह है कि जिस अहसास की चाहत हम औरों से रखते हैं, उसे स्वयं भी अपनायें तो कितना बेहतर होगा।

कृतज्ञता और विनम्रता का भाव हम भगवान् श्री राम से भी सीख सकते हैं, जिन्हें दुनिया मानती थी वे हमेशा विनम्र रहते हुए आगे बढ़े। मनुष्य क्या उन्होंने अन्य जीव जंतुओं के प्रति भी हमेशा ही कृतज्ञता ज़ाहिर की है। वे कृतज्ञता और विनम्रता की शक्ति को जानते थे। हर एक के प्रति कृतज्ञ और विनम्र रहकर ही उन्होंने रावण के अहंकार को पराजित किया था। मुझे लगता है कि कृतज्ञता के बिना प्रेम नहीं हो सकता और जहाँ पर प्रेम नहीं हैं वहाँ पर कोई भी रिश्ता सच्चा नहीं हो सकता। विनम्र होने का अर्थ है, हममें सीखने, समझने और आगे बढ़ने की इच्छा का जाग्रत होना।

दुनिया के महान लोगों ने जानी कृतज्ञता की महानता

एक कहावत है कि 'कृतज्ञता मित्रता को चिरस्थायी रखती है और नये मित्र बनाती है।' यह सिर्फ़ कहावत तक ही सीमित नहीं है बल्कि यह तो कृतज्ञता का हासिल है। कृतज्ञता एक ऐसा ख़ूबसूरत शब्द है जिसके बारे में दुनियाभर के दार्शनिकों ने अपने विचार रखे हैं। महान दार्शनिक फ्रेडरिक नीत्से ने कहा है कि **"समस्त सुन्दर कलाओं का सार, सभी महान कलाओं का सार, कृतज्ञता ही है।"** स्टीव माराबोली कहते हैं **"आभार जीवित रिश्ते के लिए पोषण है।"** मार्क्स ट्युलियस सिसेरो ने कहा हैं कि **"कृतज्ञता न केवल सबसे बड़ा गुण है बल्कि अन्य सभी गुणों का जनक है।"** जैक्स मेरिटेन ने कहा हैं कि **"कृतज्ञता शिष्टाचार का सबसे उत्कृष्ट रूप है।"**

कई लोग कहते हैं कि मैं सेल्फ़ मेड हूँ, मैं जो भी हूँ अपने दम पर हूँ। लेकिन वे भूल जाते हैं उन उँगलियों को जिन्होंने उन्हें बचपन में चलना सिखाया था, वे भूल जाते हैं दादी-नानी की कहानियों को जिन्होंने उन्हें बचपन में बहुत कुछ अच्छा सिखाया, वे भूल जाते हैं अपने स्कूल के प्राइमरी टीचर्स को जिन्होंने उन्हें पढ़ना, लिखना और अच्छा बोलना सिखाया, वे भूल जाते हैं उन अच्छे दोस्तों को जिन्होंने हर मुश्किल समय में उनका साथ निभाया। ऐसे सैकड़ों उदाहरण हैं जिन्हें हम शायद थैंक यू न कह पाये हैं। **आज सारे अहंकार को एक तरफ़ रखते हैं और सभी को थैंक यू कहते हैं। क्योंकि हम जान चुके हैं कि आभारी होना दुनिया की सबसे बड़ी ख़ूबसूरती है।**

18

होश

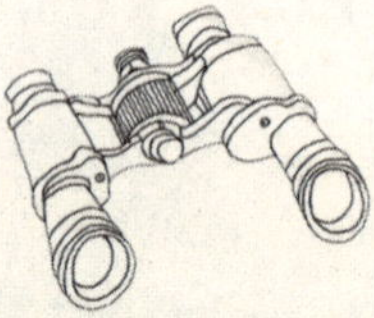

बेहोशी में भाग रही है दुनिया सारी,
जो होश में हैं
वो तो कब से ठहरे हुए हैं!

होश कहें या चेतना... इस शब्द का सामान्य-सा अर्थ है जागरूकता। जो घट रहा है जिस पल घट रहा है, उस पल में उस घटना को महसूस करना, सचेत बने रहना। चेतना हमारी कार्य करने की क्षमता को प्रभावित करती है और हमारी सफलता या असफलता कार्य कुशलता से ही तय होती है। यानी कहा जा सकता है कि **हम जीवन में सफल होंगे या असफल इसका निर्णय हमारी चेतना पर, हमारे होश पर निर्भर है।** यदि आप ज़िंदा है तो आप चेतन अवस्था में भी रहिए, यही आपके एक बेहतर इंसान होने की सबसे बड़ी प्रमाणिकता है। मनोविज्ञान के नज़रिए से चेतना मानव में उपस्थित वह तत्व है जिसके कारण उसे सभी प्रकार की अनुभूतियाँ होती हैं। चेतना के कारण ही हम देखते, सुनते, समझते और अनेक विषयों पर चिंतन करते हैं। इसी के कारण हमें सुख-दुःख, अच्छाई-बुराई की अनुभूति होती है और हम इसी के कारण किसी निर्णय पर पहुँचते हैं।

स्कूल के दिनों में एक टीचर हमें पढ़ाते थे। क्लास में जब भी कोई बच्चा ध्यान नहीं दे रहा होता था या उसका दिमाग़ क्लास से बाहर दुनिया की तरंगों में उछाल मार रहा होता था तब वो कहते थे "बड़े कलाकार टाइप के इंसान हो तुम।" एक दिन मैंने उनसे पूछ ही लिया कि सर आप ये बताइए कि आप सभी को बड़े कलाकार हो ऐसे क्यों बोलते हो। सर ने समझाया कि कलाकार वो होता है जो या तो गये हुए कल की घटनाओं का अभिनय कर रहा होता है या आने वाले की घटनाओं का अभिनय कर रहा होता है। वो आज में बहुत कम होता है वो गये हुए कल और आने वाले कल में ही घूम रहा होता है ठीक ऐसे ही जब भी क्लास का कोई बच्चा वर्तमान में न होकर बाहर दिमाग़ घूमा रहा होता है तो मुझे डांटकर उसे कलाकार कहना पड़ता है। ताकि वह लौटकर आज में आये अपनी चेतन अवस्था में आये।

कलाकार का तो जीवन है गये हुए कल या आने वाले कल की सोचना और उसके भावों को महसूस कर उसकी तरह अभिनय करना। हमारी कौन सी मजबूरी है जो हम गये हुए कल या आने वाले कल में ही खोये रहते हैं आज में कभी आते ही नहीं? जबकि हमें अपनी चेतना को जाग्रत करना होगा, आज रहकर कल को बेहतरीन बनाना होगा।

हम कहीं घूमने भी जाते हैं तो हमारा ध्यान होता है तस्वीरें खींचकर सोशल मीडिया पर शेयर करने पर। दुनिया को दिखाने पर। क्योंकि हम आने वाले पल का सोचते हैं कि लोग कहेंगे कितनी अच्छी जगह घूमने गया। बहुत अच्छी बात है, **दुनिया को दिखाओ आप कितनी अच्छी जगह घूमने गये लेकिन पहले ख़ुद तो रुक कर सुकून से उस जगह को घूम लो।** ख़ुद तो होश में आ जाओ। डॉक्टर बेहोशी की दवा इसलिए देते हैं ताकि इलाज सही से हो जाए। आजकल हम में से कई बेहोश जी रहे हैं और कमाल ये है कि हमारा इलाज भी नहीं हो रहा है। उल्टा हम उलझते जा रहे हैं फ्रस्ट्रेशन, स्ट्रेस, हमारे साथ-साथ घूम रहे हैं।

हम अक्सर लोगों से ही सवाल पूछते हैं लेकिन हमें कभी-कभी ख़ुद से भी सवाल पूछना चाहिए कि क्या मैं होश में हूँ, क्या मैं उस पल में हूँ जहाँ मौजूद हूँ? मैंने अपनी ज़िंदगी में ऐसे लोग भी देखे हैं जो ट्रेन के सफ़र में होते हैं। ट्रेन की खिड़की से बाहर देखेंगे तो दिखाई देगा कि पहाड़ी के रास्ते पर बड़े सुंदर झरने बह रहे हैं लेकिन वे उस रास्ते का आनंद नहीं लेते हैं बल्कि उलझे होते हैं ट्रेन में बैठे साथी यात्रियों से किसी फ़ालतू की बहस में। जबकि उन्हें होश में रहकर उस पल की ख़ूबसूरती को निहारना चाहिए। असल में सफ़र होता भी इसीलिए है कि हम बहुत-सी उलझनों से दूर होकर सुलझ पायें लेकिन हम और भी उलझते जाते हैं।

किसी ने बड़े कमाल की बात कही कि **दुनिया की सारी दौलत देकर भी बीते हुए पल को नहीं ख़रीदा जा सकता।**

ज़रूरी है, स्वयं की चेतना को सुनना

एक व्यक्ति को किसी ने बताया कि दूर पहाड़ों के बीच में एक छोटी-सी कुटिया बनाकर एक महात्मा जी रहते हैं, जो यह जानते हैं कि दुनिया का अनमोल ख़ज़ाना कहाँ मिलेगा। यह व्यक्ति बड़ी लंबी यात्रा करके उन महात्मा जी के पास पहुँचा और जो अपनी ओर से भेंट लाया था वह महात्मा जी को देने के बाद बोला कि महात्मा जी इधर-उधर की बात नहीं करके सीधा काम की बात करना चाहूँगा। मुझे किसी ने बताया कि आप दुनिया के अनमोल ख़ज़ाने के बारे में जानते हैं आपको कुछ ऐसा पता है जिससे मैं दुनिया का सबसे अमीर इंसान बन सकता हूँ। महात्मा जी ने कहा कि कल सुबह की प्रतीक्षा करो सूर्योदय के समय मेरे साथ भ्रमण पर चलना। यह व्यक्ति पूरी रात सोया ही नहीं बस सुबह की प्रतीक्षा कर रहा था। जैसे ही सूर्योदय का समय हुआ, महात्मा जी अपनी कुटिया से बाहर आये और वह व्यक्ति महात्मा जी के साथ भ्रमण पर चल निकला। महात्मा जी ने कहा दुनिया का सबसे अनमोल खज़ाना तुम ख़ुद तैयार कर सकते हो। उस व्यक्ति ने पूछा कैसे? तो महात्मा जी ने कहा मैं तुम्हें जहाँ लेकर जा रहा हूँ उस पहाड़ी में बहुत सारे छोटे-छोटे पत्थर है और पास ही एक झील है। छोटे-छोटे पत्थर जो हैं वह सारे पत्थर बड़े ठण्डे प्रतीत होंगे जैसे ही तुम उन्हें छुओगे, तुम्हें ठंडक महसूस होगी लेकिन उन पत्थरों के बीच में एक ऐसा पत्थर है जो गर्म पत्थर है। जैसे ही तुम उस गर्म पत्थर को छुओ तो उसे अपने पास रख लेना। क्योंकि यह वही पत्थर है जो तुम्हें दुनिया का सबसे अमीर इंसान बना सकता है। तुम उस पत्थर से जिस भी धातु को छुओगे वह धातु सोना बन जाएगी। इस चमत्कारी पत्थर के बारे में मुझे मेरे गुरु जी ने बताया था लेकिन मैंने आज तक कभी इसका प्रयोग नहीं किया। क्योंकि मेरा लक्ष्य अमीर बनना नहीं बल्कि अपनी आत्मा को परमात्मा से मिलाना है। मेरे गुरुजी ने मेरे सामने यह कमाल करके दिखाया था, उस पत्थर से सोना बनाकर दिखाया था और उसके बाद उन्होंने उस गर्म पत्थर को ठण्डे पत्थरों के बीच फिर से फेंक दिया था। अब तुम्हें मैंने ये रहस्य बता दिया है। अब तुम हो और पूरा

दिन है। उस गर्म पत्थर को ढूँढो और उसे लेकर अपने घर चले जाओ। मुझे दोबारा परेशान करने मत आना। महात्मा जी वहाँ से यह कहकर चले गये। यह व्यक्ति पत्थरों के बीच में उस गर्म पत्थर की तलाश करने लगा लेकिन इसके लिए बड़ा मुश्किल होता जा रहा था, इतने सारे पत्थर थे कि गर्म पत्थर कैसे मिलेगा ये काम बड़ा मुश्किल था। तभी इस व्यक्ति को एक उपाय सूझा, इसने ठण्डे पत्थरों को एक-एक करके झील में फेंकना शुरू किया और इसे लग रहा था कि जैसे ही गर्म पत्थर आयेगा उसे अपने पास रख लूँगा कम से कम सारे ठण्डे पत्थर तो यहाँ से हटा दूँ ताकि मेरा काम आसान हो जाए। घंटे दो घंटे बीत गये, एक के बाद एक ठण्डे पत्थर इसके हाथ में आ रहे थे और यह उनको झील में फेंकता चला जा रहा था। अंत में इस व्यक्ति के हाथ में वह गर्म पत्थर आया लेकिन 2 घंटे से इतनी प्रैक्टिस हो चुकी थी, इतना अभ्यास हो चुका था पत्थरों को झील में फेंकने का कि जैसे ही उस गर्म पत्थर की गर्मी को महसूस करता, अपने मस्तिष्क को आदेश देता उससे पहले ही यह उस गर्म पत्थर को झील में फेंक चुका था। तुरंत दौड़ा, भागा और महात्मा जी की कुटिया में गया, जाकर उन्हें कहने लगा, महात्मा जी मैंने ग़लती से वह गर्म पत्थर झील में फेंक दिया, अब क्या होगा ? महात्मा जी ने कहा उस झील में उतरने का प्रयास भी मत करना। उसमें बड़े-बड़े मगरमच्छ हैं, तुम जीवित नहीं बचोगे। तुम्हारा कार्य था उस गर्म पत्थर को अपने पास रखना लेकिन तुम बेहोशी में पत्थर फेंकने के काम में लग गये थे। अगर होश में होते तो आज तुम दुनिया के सबसे अमीर इंसान होते।

हम जिस कार्य को कर रहे होते हैं, उस पल, उस क्षण, उसी जगह मस्तिष्क का होना भी बहुत आवश्यक होता है, चेतना जागृत करना भी बहुत आवश्यक होता है।

स्टीव जॉब्स को आज कौन नहीं जानता है। उनकी सफलता में उनकी चेतना का भी अमूल्य योगदान है। उन्होंने कहा है कि **"आपका समय सीमित है, इसलिए इसे किसी और की ज़िंदगी जी कर व्यर्थ मत कीजिए।**

बेकार की सोच में मत फँसिए, अपनी ज़िंदगी को दूसरों के हिसाब से मत चलाइए। औरों के विचारों के शोर में अपने अंदर की आवाज़ को, अपने इन्ट्यूशन को मत डूबने दीजिये। वे पहले से ही जानते हैं कि तुम सच में क्या बनना चाहते हो, बाकि सब गौण है।"

वे स्वयं की चेतना की आवाज़ नहीं सुनते तो शायद आज दुनिया उनकी बात नहीं करती।

बाह्य जगत के शोर से अंतर्मन की शांति तक पहुँचाती है 'चेतना'

कई बार ऐसा होता है कि हम कोई किताब पढ़ रहे होते हैं, उसके शब्द हमारी आँखों के सामने होते हैं पर हम उसका अर्थ नहीं समझ पाते हैं। हम कोई गाना सुनते है पर हमारा ध्यान उसके बोल पर नहीं होता है। ऐसा सिर्फ़ तभी होता है जब हम अपनी चेतन अवस्था में नहीं होते हैं। अगर अपने दैनिक कार्यों पर ध्यान दें तो पायेंगे कि अधिकतर काम हम बेहोशी में कर देते हैं। इसका सबसे अच्छा उदाहरण है सोशल मीडिया का इस्तेमाल। हम अर्धचेतन अवस्था में ही बिना समय का ध्यान रखे फ़ोन का उपयोग करते हैं और जैसे ही नज़र घड़ी की ओर जाती हैं तो ध्यान आता है कि हम अपना काफ़ी समय बर्बाद कर चुके हैं। पृथ्वी पर मौजूद अन्य प्राणियों और मनुष्य में एक बड़ा अंतर यह भी है कि मानव अपना हर काम सोच-समझकर करता है। वैज्ञानिकों की भाषा में चेतना इंसानों की वह विशेषता है जो उसे जीवित रखती है और उसे व्यक्तिगत और अपने वातावरण के विषय में ज्ञान कराती है।

वर्तमान में जीना सिखाती है चेतना

बर्नार्ड हैश्च ने कहा था कि 'चेतना से ही वास्तविकता आती हैं।' जब आपका मस्तिष्क जाग्रत अवस्था में रहता है तो आप वर्तमान समय में जीते हैं और उसका आनंद ले पाते हैं। जब चेतना का पूर्ण विकास नहीं होता है तो मनुष्य या तो भूतकाल की बातों के बारे में सोचता है या फिर भविष्य के सपने संजोने

में व्यस्त रहता है। इस अवस्था को दूर करने के लिए ही अपनी चेतन अवस्था को विकसित करना आवश्यक है।

सही और ग़लत का अंतर

चेतना क्या है अगर आपको समझना है तो आध्यात्मिक भाषा में कहूँ तो ये आकाशवाणी है। आपकी आत्मा में ईश्वर की वाणी के समान है। चेतना आपको सही और ग़लत में अंतर करने की समझ देती है। जीवन में कई बार आपको ऐसी परिस्थितियों का सामना करना पड़ता है तो यह चेतना ही है जो सही फ़ैसले लेने में आपकी सहायता करती है। एक तरह से यह ईश्वर के समान है जो जीवन के हर मोड़ पर आपके साथ रहती है और आपका मार्गदर्शन करती है। जब हमारा हाथ किसी भी गर्म वस्तु पर पड़ता है तो हम तुरंत वहाँ से अपना हाथ हटा लेते हैं। इसी तरह जब हमें कोई बुरी बात बोलता है तो हम उदास हो जाते हैं। यह सब क्रियाएँ हमारी चेतना की वजह से ही होती है। मनोविज्ञान की दृष्टि से **चेतना मानव में उपस्थित वह तत्व है जिसके कारण उसे सभी प्रकार की अनुभूतियाँ होती है। जब कोई इसे अपनी उत्कृष्ट अवस्था तक ले जाता है तो वह अपने आत्मस्वरूप को पहचानने लगता है।**

अंतर्मन का रास्ता दिखाती है चेतना

ओशो कहते हैं कि अगर आपने पूरे संसार को जान लिया लेकिन स्वयं को नहीं जान पाये तो आपने अभी तक कुछ नहीं जाना। चेतना को दर्शन में स्वयं प्रकाश तत्व माना गया है। **चेतना के द्वारा ख़ुद को पहचानना ही मनुष्य का सबसे पहला लक्ष्य है।** चेतना के द्वारा हम ख़ुद का विस्तार कर पाते हैं। यह सही बात है कि बाह्य जगत के साथ ही अपने आपको जानना भी बेहद ज़रूरी है और इसके लिए चेतना बहुत ज़रूरी है। परेशानियाँ तो हर किसीके जीवन का हिस्सा हैं। दुनिया में कोई भी ऐसा नहीं है जिसे किसी भी तरह की

कोई परेशानी न हो। परेशानियाँ आएंगी भी और जाएंगी भी। बस हमें उस मुश्किल दौर में होश से काम लेना है। यदि उस मुश्किल समय को साध लिया तो फिर हम हार ही नहीं सकते। हमारे पूर्वजों ने कहा है कि सारी परेशानियों का समाधान हमारे भीतर ही मौजूद है, सिर्फ़ अपने अंदर झाँक कर देखने की ज़रूरत है।

होश में मिलेगा आत्मा और परमात्मा का ज्ञान

कांशसनेस यानी चेतना, इस शब्द का उपयोग न्यूरोसाइंटिस्ट जागरुकता के लिए करते हैं। अध्यात्म दर्शन में चेतना लगभग ईश्वर के समानार्थी मानी गयी है। अध्यात्म कहता है कि चेतना का शाश्वत अंश इसकी हर अभिव्यक्ति में मौजूद है। इसलिए सारी सजीव व निर्जीव सृष्टि में चेतना मौजूद है। हर परमाणु और परमाणु-कणों में चेतना है। कहा तो यह भी गया है कि ज्ञान के प्राकृतिक और चेतना, दो धरातल होते हैं। प्राकृतिक धरातल पर हमें जड़ जगत का ज्ञान प्राप्त होता है। जिसे अपरा विद्या कहते हैं। जबकि चेतना के धरातल पर आत्मा और परमात्मा का ज्ञान मिलता है। जिसे परा विद्या कहते हैं।

एक ओर वैज्ञानिक शरीर में चेतना के स्थान को लेकर बहस करते हैं, जबकि दार्शनिक इसे खारिज करते हुए कहता है कि हर कोशिका ही नहीं, हर परमाणु में चेतना है। मौजूदा ज्ञान के मुताबिक चेतना मस्तिष्क में है। इसका अर्थ यह है कि मस्तिष्क के कुछ हिस्सों में गतिविधियों के बढ़े हुए स्तर को चेतना के अनुभवों से जोड़ा गया है। वैदिक ऋषियों और अन्य पंथों के महापुरुषों ने आत्म-शुद्धि और एकाग्रता के ज़रिए चेतना का विराट विकास करने में सफलता पायी है। उनका वर्णन हमें संकेत देता है कि किस दिशा में चेतना का विकास हो सकता है।

जापान में एक फ़क़ीर मकान की सातवीं मंज़िल पर भक्तों के साथ भोजन कर रहे थे। उसी समय भूकंप आया और डरकर सभी भागने लगे। मेजबान भी भागा, लेकिन भागने से पहले उसे मेहमान फ़क़ीर का ध्यान

आया। उसने देखा, फ़क़ीर आँख बंद किए अपनी जगह पर शांत मुद्रा में बैठे हैं। आपदा में भी फ़क़ीर की उस शांत-मुद्रा से प्रभावित हो वह भी यह सोच कर वहीं रुक गया कि अब जो कुछ उस फ़क़ीर का होगा वही मेरा होगा।

भूकंप आया और चला गया। फ़क़ीर ने आँखें खोलीं। मेजबान ने पूछा कि इतना बड़ा भूकंप आया कि सब अस्त-व्यस्त हो गया। हम सब भागे, आप क्यों नहीं भागे? फ़क़ीर ने कहा, मैं भी भागा था। तुम्हारा भागना दिखाई दिया, क्योंकि तुम बाहर की तरफ़ भागे। मैं अपने भीतर की तरफ़ भागा, इसलिए दिखाई नहीं पड़ा। यहाँ भूकंप था और यहाँ से जहाँ तुम भाग रहे थे, वहाँ भी भूकंप था। बाहर भागोगे, तो भूकंप ही भूकंप है। मैं अपने भीतर ऐसी जगह भागा, जहाँ कोई भूकंप कभी नहीं पहुँच सकता। मैं वहाँ अपने भीतर जाकर निश्चिंत बैठ गया। सच तो यह है कि सिर्फ़ तुम नहीं भागे थे, मैं भी भागा था।

हमारे मन के भीतर एक अंतर्मन भी रहता है, जो मन का चक्कर लगाता रहता है। मन सांसारिक जीवन के कर्तव्य, उत्तरदायित्व व उद्देश्य के साथ उलझ कर दुःखी भी रहता है। परंतु इसके भीतर जो अंतर्मन होता है, वहाँ तक पहुँच जाने पर सारे दुःखों का नाश हो जाता है। **अंतर्मन में पहुँच जाना ही मुक्ति है, मोक्ष है।** मन हमें अंतर्मन तक पहुँचने से रोकता है। इसलिए मन को अपनी चेतना द्वारा विवेक पूर्ण ज्ञान से वश में करना पड़ता है।

वैसे दुःख-सुख तो केवल मन के नाटक हैं। आत्मा तो हमेशा आनंदित रहती है। इसलिए मन को अंतर्मन से जोड़ देना चाहिए। अंतर्मन में अपनी चेतना स्थापित कर देने पर सांसारिक दुःख-सुख से कोई फ़र्क नहीं पड़ता। न अपमान का न सम्मान का, न किसी योग का न किसी के विछोह का। इसी स्थिति का नाम परमानंद को प्राप्त करना है अर्थात परमात्मा को प्राप्त करना है।

चेतना हर एक व्यक्ति में होती है, और होनी भी चाहिए। मेरा मानना है कि चेतना से ही आप सफलता के द्वार तक पहुँच सकते हैं। और चेतना के विस्तार से ही आप सफलता के मैदान में डटे रह सकते हैं। इसलिए अपनी चेतना जाग्रत कीजिए। योग, ध्यान प्राणायाम का सहारा लीजिये। अच्छा साहित्य पढ़िए। लगातार विद्वानों से संवाद कीजिए। जिस दिन आप अपनी चेतना जाग्रत कर लेंगे उस दिन आप बेहतर से बेहतरीन लोगों की श्रेणी में आ जाएंगे। भागते दौड़ते जीवन में बेहोश मत रहिए होश में आइए, मस्त रहिए और स्वस्थ रहिए।

19

अध्यात्म

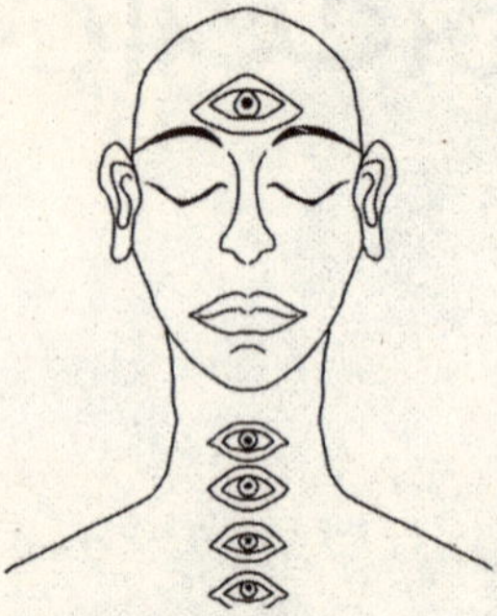

बाहरी परिस्थितियाँ चाहे जैसी हों,
उनके बावजूद अगर हम अंदर से ख़ुश
और आनंद में रहते हैं,
तो हम आध्यात्मिक हैं

मैं सुबह जब भी ऑफ़िस के लिए निकलता हूँ, तो रास्ते में भगवान महादेव जी के मंदिर में दर्शन करके ही जाता हूँ। लेकिन कुछ दिनों से सड़क मरम्मत का काम चल रहा था, जिसकी वजह से मुझे दूसरे रास्ते से जाना पड़ रहा था। इससे मुझे ऐसा लग रहा था कि मैं महादेव जी के दर्शन नहीं कर पा रहा हूँ।

वह सर्दी का मौसम था, और आमतौर पर इस मौसम में पानी के टैंकर कम ही दिखते हैं। लेकिन उसी दिन, मेरी कार के सामने एक टैंकर आया, जिस पर पीछे की ओर भगवान शिव जी की तस्वीर बनी हुई थी। भले ही मैं मंदिर नहीं जा पाया, लेकिन ऐसा लगा जैसे महादेव ने स्वयं मुझे अपने दर्शन दे दिए।

यह अनुभव मेरे लिए बेहद ख़ास था और मुझे अनुभव हुआ कि **प्रभु हर जगह हैं, बस हमें उन्हें महसूस करने की ज़रूरत है।**

हम सभी के जीवन में कई तरह के पड़ाव आते रहते हैं। कभी सुख की बारिश होगी तो कभी दुःख के बादल छायेंगे। हालाँकि बहुत से लोग जीवन में आने वाली परेशानियों से घबरा जाते हैं। लेकिन **जिस व्यक्ति के जीवन में अध्यात्म हो, उसे हर तरह की परिस्थिति में बेहतर ज़िंदगी जीने से कोई नहीं रोक सकता।** कैरियर की शुरुआत में मैंने अपने आपको एक सीमित दायरे में बाँधे रखा था। मुझे लगता था कि जो मैं कर रहा हूँ वही बेस्ट है। जब मैंने अध्यात्म को जाना तो मैं दायरों से बाहर निकला। आध्यात्मिक अनुभव वाक़ई काम करते हैं। ये अनुभव आपकी आम ज़िंदगी को एक नाम देंगे।

हमारे महापुरुषों ने भी कहा है कि **"अध्यात्म में वो शक्ति है, जो हारे हुए जीवन को जीत में बदल देता है।"** आपने देखा होगा कई लोग काफ़ी पढ़े लिखे होते हैं, उनके पास संपत्ति भी अथाह होती है, लेकिन उनके जीवन

में शांति और सुकून नहीं होता। उसका कारण यही है कि साँसारिक भौतिकता के पीछे भागते-भागते वे अपने आपको और अपनी आत्मा को प्राथमिकता देना भूल जाते हैं। जिससे जीवन में सब कुछ होते हुए भी अशांति रहती है। ऐसे लोगों को अध्यात्म का मार्ग ही शांति देता है।

मैंने अपने जीवन के थोड़े बहुत अनुभव से यही जाना है कि बाहरी परिस्थितियाँ चाहे जैसी हों, उनके बावजूद अगर हम अंदर से ख़ुश और आनंद में रहते हैं, तो हम आध्यात्मिक हैं। **अगर हर एक जीव के प्रति दया और प्रेम का भाव है तो हम आध्यात्मिक हैं।** आध्यात्मिकता किसी जगह पर नहीं, बल्कि हमारे अंदर ही घटित हो सकती है। अगर हम किसी भी काम में पूरी तन्मयता से डूब जाते हैं, तो आध्यात्मिक प्रक्रिया शुरू हो जाती है, चाहे वह काम पढ़ाई हो, ऑफ़िस का काम हो, बिज़नस संभालना हो या घर का काम करना ही क्यों न हो। किसी भी चीज़ को गहराई तक जानना, उसमें खो जाना ही आध्यात्मिकता है। **मेरे लिए अपने शो की तैयारी करना अध्यात्म है।** अपने लिसनर्स के लिए नयी-नयी कहानियाँ लेकर आना अध्यात्म है। वहीं आपके लिए आपके मन का काम करना भी अध्यात्म हो सकता है।

दरअसल हमारे सुख-दुःख की जड़ हमारा मन ही है। मन के अनुसार जो हो वह सुख और जो मन अनुसार न हो वह दुःख। अध्यात्म के द्वारा हम अपने इसी मन को वश में करके हर परिस्थिति में ख़ुश रह सकते हैं। आज के समय में जब मानसिक रोग तेज़ी से बढ़ रहे हैं तब अध्यात्म को अपने जीवन में शामिल करना बेहद आवश्यक हो जाता है।

क्यों ज़रूरी है अध्यात्म?

आख़िर आज के आधुनिक समय में अध्यात्म की क्या आवश्यकता है? क्यों स्वयं को जानना ज़रूरी है? अध्यात्म को जीवन में शामिल करने से पहले यह सवाल हर व्यक्ति के मन में आता है, जो कि लाज़मी भी है। असल में अध्यात्म की आवश्यकता तब महसूस होती है जब हम अपने आपसे या

अपने जीवन में घटित होने वाली घटनाओं से ख़ुश नहीं होते हैं। यानी आप जो मन में हैं वह अपने जीवन में चाहते हैं लेकिन हो कुछ और रहा होता है। ये मन की वह स्थिति है जहाँ सब कुछ होते हुए भी आनंद नहीं होता है। और जहाँ आनंद नहीं है वहाँ कुछ और होने से फ़र्क नहीं पड़ता।

किसी ने बड़े कमाल की बात कही है कि-

> अगर आप पूरे संसार भर का ज्ञान प्राप्त कर लें लेकिन स्वयं को नहीं जान पाये तो आप अभी भी अज्ञानी ही हैं।

अध्यात्म से हम यह जान पाते हैं कि हम यह शरीर नहीं बल्कि आत्मा हैं। हम उस ईश्वर का ही एक अंश हैं जो इस पूरे ब्रह्मांड को संचालित करता है और जब वह इतना शक्तिशाली है तो उसका एक अंश होने से हममें भी वह शक्ति है जिससे हम अपनी हर मनचाही वस्तु को प्राप्त कर सकते हैं। इस तरह अध्यात्म हमें वह धैर्य और संतोष देता है, जिससे जीवन में आने वाली किसी भी परिस्थिति से हम विचलित न हों और आसानी से उसे पार कर सकें।

शर्त और शांति

दो दोस्त, अमित और रोहन, एक दिन आपस में बहस कर रहे थे। रोहन ने कहा, "अगर इंसान के पास मोबाइल, टीवी, इंटरनेट, एंटरटेनमेंट न हो, तो वह ज़्यादा दिन टिक नहीं सकता।" इस पर अमित ने जवाब दिया, "नहीं, इंसान को सिर्फ़ भोजन, पानी, और अपने मन की शांति चाहिए। बाक़ी सब कुछ अतिरिक्त है।"

इस बहस ने एक शर्त का रूप ले लिया। रोहन ने कहा, "अगर तुम एक साल तक एक घर में कैद रह सकते हो, जहाँ तुम्हारे पास न टीवी होगा, न फोन, न किसी से बात करने का साधन, तो मैं तुम्हें दस लाख रुपए दूँगा।

लेकिन अगर तुम बीच में हार मानकर बाहर आओगे, तो तुम्हें कुछ नहीं मिलेगा।" अमित ने शर्त मान ली।

अमित को एक बंद घर में रखा गया। भोजन और पानी समय पर मिलता, लेकिन बाक़ी दुनिया से वह पूरी तरह कट गया। शुरू के कुछ दिन तो वह ठीक रहा, लेकिन जल्द ही अकेलापन उसे सताने लगा। गुस्से और हताशा में उसने दीवार पर पैर मारना शुरू कर दिया। दरवाज़ा बंद कर दिया गया लेकिन एक बटन था जिसे दबाकर बाहर निकला जा सकता था।

कुछ समय बाद, अमित को महसूस हुआ कि गुस्से और बेचैनी से कुछ हासिल नहीं होगा। उसने सोचा, "क्यों न मैं इस समय का उपयोग अपने भीतर झाँकने और स्वयं को समझने में करूँ?" इसके बाद अमित ने ध्यान लगाना शुरू कर दिया। धीरे-धीरे, वह अपने भीतर एक अनोखी शांति और आनंद का अनुभव करने लगा। दिन महीनों में बदल गये, और उसे समय का एहसास तक नहीं हुआ।

जब शर्त पूरी होने में केवल एक दिन बचा था, तो अमित ने गेट का बटन दबाकर बाहर निकलने का फ़ैसला किया। उसने एक चिट्ठी छोड़ी, जिसमें लिखा था, "दोस्त, मुझे 10 लाख का खज़ाना नहीं चाहिए। मैंने अपने भीतर ऐसा खज़ाना खोज लिया है, जो अनमोल है। यह खज़ाना है—परम शांति।"

दूसरी ओर, रोहन के हालात बिगड़ चुके थे। वह दिवालिया हो गया था और सोच रहा था, "अगर अमित शर्त जीत गया, तो मुझे 10 लाख रुपए देने होंगे। इससे अच्छा होगा कि मैं बटन का कनेक्शन हटा दूँ और उसे घर में ही कैद रहने दूँ।"

लेकिन जब वह घर पहुँचा, तो उसकी आँखें खुली की खुली रह गयीं। घर ख़ाली था। अमित पहले ही जा चुका था और केवल अपनी चिट्ठी छोड़ गया था। रोहन को एहसास हुआ कि सच्चा खज़ाना भौतिक वस्तुओं में नहीं, बल्कि आत्मिक शांति में है। **जीवन में असली खज़ाना धन-दौलत नहीं,**

बल्कि हमारे भीतर की शांति और संतोष है। कठिनाइयों में भी हम अपने भीतर झाँककर सच्चे सुख का अनुभव कर सकते हैं।

लोभ, क्रोध, मोह, ईर्ष्या, अहंकार यह हम सभी के सबसे बड़े शत्रु हैं और आज के समय में हर कोई इन शत्रुओं से परेशान है। यह सारे विकार उत्पन्न होते हैं हमारे मन से। इसलिए कहते हैं कि जिसने मन को साध लिया उसने संसार जीत लिया। अपने जीवन से इन्हीं विकारों को दूर करने के लिए अध्यात्म ज़रूरी है। इस बात को एक उदाहरण से आसानी से समझा जा सकता है। एक व्यक्ति है जो आध्यात्मिक है उसके पड़ोसी की लॉटरी लग गयी। आध्यात्मिक व्यक्ति को इस बात से कोई फ़र्क नहीं पड़ता और वह अपने जीवन में ख़ुश रहता है। वहीं एक दूसरा व्यक्ति है जो अपने पड़ोसी की तरक्क़ी देखकर परेशान हो जाता है, उसका स्वभाव चिड़चिड़ा हो जाता है। वह किसी से अच्छा बर्ताव नहीं करता है और इस वजह से उसके क़रीबी उससे दूरी बना लेते हैं। यह उसकी मानसिक परेशानी का कारण बन जाता है। तब उसका एक मित्र उसे अध्यात्म का अभ्यास करने की सलाह देता है और धीरे-धीरे वह अपनी परेशानी और दुःख से बाहर आकर एक बेहतर जीवन जीने लगता है। यह है अध्यात्म की महिमा और उसका हमारे जीवन पर प्रभाव। अध्यात्म वह दवाई है जिससे मानसिक स्वास्थ्य से जुड़ी हर बीमारी का उपचार हो सकता है।

किसी ने बड़े कमाल की बात कही है कि-

यदि युद्ध तुम्हारे मन में है तो तुम्हें शस्त्र की
नहीं शास्त्र की आवश्यकता है !!

स्वयं को जानने के बाद शुरू होती है आध्यात्मिक यात्रा

स्वामी विवेकानंद जी कहते हैं कि “**आपकी आत्मा के अलावा और कोई आपका आध्यात्मिक गुरु नहीं हो सकता।** आप किसी से यह समझ सकते हैं कि आध्यात्मिकता क्या है, पर उसे अनुभव करने और जानने में आपकी

सहायता सिर्फ़ आप स्वयं कर सकते हैं। आत्मा यानी अपने आत्मस्वरूप को जानने के बाद ही आप आध्यात्मिकता के पथ पर चल सकते हैं।" आध्यात्मिक यात्रा का पहला पड़ाव है स्वयं को जानना या यूँ कहे कि स्वयं को जानने के बाद ही आध्यात्मिक यात्रा की शुरुआत होती है। **वे सभी गतिविधियाँ, जो हमें स्वच्छ, निर्मल बनाती हैं और हमें पूर्णता की ओर लेकर जाती हैं, वे सभी अध्यात्म का हिस्सा हैं।** आध्यात्मिक यात्रा मेरे लिए तो एक निजी अनुभव है, जिस पर स्वयं निकलकर ही जाना जा सकता है। सरल शब्दों में कहें तो आध्यात्मिक यात्रा यानी बाहर की दुनिया से हमारे अंदर की यात्रा। इस यात्रा की शुरुआत हमारे मन की शांति और विचारों की शून्यता से होती है।

दुनिया की तमाम दौलत शोहरत के बावजूद भी हम आत्मज्ञान के बिना वैसे ही होते हैं जैसे कि-

कस्तूरी कुण्डली बसै मृग ढूँढे बन माँहि,
ऐसे घट-घट राम हैं दुनिया देखै नाँहि।

इसका मतलब यह है कि एक ऐसा समय होता है जब कस्तूरी मृग की नाभि से बहुत ख़ुशबू निकलती है और अज्ञानवश मृग उस ख़ुशबू को सारे जंगल में ढूँढता फिरता है उसी तरह मनुष्य के भीतर भी ब्रह्म का वास है और मनुष्य उसे बाहर ढूँढता फिरता है।

राजा और गुफा वाले ख़ज़ाने की कहानी

एक राजा था, जिसने अपने जीवन में बहुत लूटपाट की और उससे कमाए ख़ज़ाने को एक गुफा में छिपा दिया। गुफा का दरवाज़ा एक विशाल पत्थर से बंद था, और उस गुफा के बारे में केवल राजा और उसका ख़ास मंत्री ही जानते थे।

एक दिन राजा को खयाल आया, "देखता हूँ कि ख़ज़ाना कितना बड़ा हो गया है।" वह जंगल स्थित गुफा तक पहुँचा। इधर, मंत्री भी उसी रास्ते से गुज़र रहा था। उसने देखा कि गुफा का दरवाज़ा खुला है। यह देखकर मंत्री डर गया। उसे लगा कि शायद पिछली बार जब वह गुफा में आया था, तब दरवाज़ा बंद करना भूल गया।

डर के मारे मंत्री ने तुरंत भारी पत्थर को दरवाज़े पर रखकर गुफा को बंद कर दिया। उसे यह पता नहीं था कि राजा उस वक़्त गुफा के अंदर था।

गुफा में, राजा ख़ज़ाने को देख ख़ुश हो रहा था। लेकिन जब वह बाहर निकलने के लिए गया, तो देखा कि दरवाज़ा बंद हो चुका है। उसने पत्थर को हटाने की लाख कोशिशें कीं, पर वह पत्थर टस से मस नहीं हुआ।

गुफा के अंदर भूख और प्यास से परेशान राजा धीरे-धीरे कमज़ोर होने लगा। मरते-मरते उसने अपने एक हीरे से अपनी उँगली काटी और ख़ून से गुफा की दीवार पर लिखा: "ये सारे हीरे-जवाहरात, जिनके पीछे मैंने अपनी ज़िंदगी लगा दी, मुझे रोटी और पानी नहीं दे सके। मैं भूख-प्यास से मर रहा हूँ।"

कुछ दिनों बाद, मंत्री को अपनी ग़लती का एहसास हुआ और वह गुफा के पास पहुँचा। लेकिन तब तक बहुत देर हो चुकी थी। उसने राजा का मृत शरीर और दीवार पर लिखे शब्द देखे। उसे समझ आ गया कि असली धन भौतिक वस्तुएँ नहीं हैं। इस कहानी का आध्यात्मिक संदेश भी है और उसे ऐसे समझें कि भौतिक वस्तुओं की चकाचौंध क्षणिक होती है, धन और ख़ज़ाना हमें जीवन की मूलभूत आवश्यकताएँ- शांति, संतोष, और प्रेम नहीं दे सकते। राजा ने अपने जीवन को बाहरी संपत्ति के पीछे व्यर्थ कर दिया, लेकिन अंत में उसे एहसास हुआ कि असली संपत्ति भीतर की शांति और अध्यात्म है।

जीवन में भौतिक चीज़ों के साथ-साथ अध्यात्म का होना ज़रूरी है। यह हमें सिखाता है कि ख़ुशी और संतोष बाहर की चीज़ों से नहीं, बल्कि हमारे भीतर से आता है। अगर हम अपने भीतर झाँकें और सच्चे सुख को पहचानें, तो हम किसी भी परिस्थिति में संतुलित और शांत रह सकते हैं।

अध्यात्म को आम आदमी कैसे समझ सकता है?

अध्यात्म कोई जटिल सिद्धांत नहीं है। यह जीवन की एक सरल, सहज और प्राकृतिक प्रक्रिया है, जो हर व्यक्ति के लिए समझने और अपनाने योग्य है। आम आदमी इसे अपनी रोज़ाना की ज़िंदगी में इस प्रकार समझ सकता है:

1. स्वयं को पहचानना

अध्यात्म का पहला कदम है, स्वयं को जानना।

- "मैं कौन हूँ?" और "मैं क्यों हूँ?" जैसे सवालों पर विचार करना।
- अपनी भावनाओं, सोच और आदतों को समझना।
- यह महसूस करना कि आप केवल शरीर और मन नहीं हैं, बल्कि आपके भीतर एक शांत और स्थिर आत्मा है।

इसका आसान तरीका है कि आप हर दिन 5-10 मिनट स्वयं के साथ बितायें। यह विचार करें कि आज आपने क्या अच्छा किया और क्या सुधार कर सकते हैं।

2. ध्यान और प्राणायाम

ध्यान और प्राणायाम (साँसों पर ध्यान देना) आम आदमी के लिए अध्यात्म को समझने का सरल तरीका है।

- **ध्यान :** प्रतिदिन कुछ मिनट आँखें बंद करके शांत बैठें और अपनी साँसों पर ध्यान केंद्रित करें।

- **प्राणायाम :** गहरी साँस लें और छोड़ें। इससे मन शांत होगा और विचार स्पष्ट होंगे।

3. सकारात्मक सोच अपनायें

अध्यात्म का अर्थ यह भी है कि आप जीवन में सकारात्मक दृष्टिकोण से देखना प्रारंभ करें।

- छोटी-छोटी चीज़ों में ख़ुशी ढूँढें।
- दूसरों की ग़लतियों को माफ करना सीखें।
- नकारात्मकता से बचें और अच्छा सोचें।

जैसे यदि कोई समस्या आये, तो आप यह सोचें कि, "यह मुझे क्या सिखा सकती है?"

4. दूसरों की मदद करना

दूसरों की मदद करना या सेवा करना, अध्यात्म का सबसे आसान और प्रभावी तरीका है।

- ग़रीबों की सहायता करें।
- किसी के स्वस्थ होने के लिए, उनके जीवन में ख़ुशियों के लिए प्रार्थना करें।
- दूसरों को उनकी परेशानियों में सहारा दें।

जब आप किसी और के लिए अच्छा करते हैं, तो आपके भीतर ख़ुशी और शांति का अनुभव होता है।

5. प्रकृति के क़रीब रहें

कुछ छोटी-छोटी आदतों से अपने दिन की शुरुआत करें जैसे कि

- सुबह उठकर सूरज देखना।
- पेड़ों, फूलों और पक्षियों को आनंद से देखना।

- खुले आसमान के नीचे कुछ समय बिताना। इससे आप महसूस करेंगे कि आप इस विशाल सृष्टि का हिस्सा हैं।

6. आभार व्यक्त करना

- रोज़मर्रा की ज़िंदगी में जो भी आपको मिला है, उसके लिए आभार जतायें।
- अपनी सेहत, परिवार, काम और जीवन के लिए शुक्रिया अदा करें।
- यह सोचें कि जीवन एक तोहफ़ा है।

अध्यात्म का मतलब यह नहीं है कि आप कुछ नया सीखें। इसका मतलब है कि आप वही सीखें, जो पहले से आपके भीतर है- शांति, प्रेम, और संतुलन। अध्यात्म को समझने का सबसे सरल तरीका है अपने जीवन को सच्चाई, करुणा और संतोष के साथ जीना।

राजा और उसकी चार पत्नियाँ

बहुत समय पहले एक राजा था, जिसके पास चार सुंदर और गुणवान पत्नियाँ थीं। राजा ने अपनी हर पत्नी से गहरा प्रेम किया, लेकिन चौथी पत्नी उसे सबसे अधिक प्रिय थी, फिर तीसरी, दुसरी और पहली। पहली पत्नी सबसे उम्रदराज़ थी और सबसे कम महत्त्व दी जाती थी।

एक दिन राजा आखेट के लिए जंगल गया। वहाँ एक अज्ञात कीट ने उसे काट लिया और वह एक गंभीर बीमारी से ग्रस्त हो गया। कई वैद्यों और तांत्रिकों ने अपनी विद्या का प्रयोग किया, लेकिन उसकी हालत में कोई सुधार नहीं आया। अंततः उन्होंने कहा कि राजा की मृत्यु निकट है और वह अब कुछ ही दिनों का मेहमान है।

राजा ने तय किया कि अपनी संपत्ति को अपनी रानियों में बाँट देगा, परंतु इसे समान रूप से बाँटने की बजाय वह यह देखना चाहता था कि कौन-

सी रानी उसे सबसे अधिक प्रेम करती है। इसके लिए उसने एक चतुर योजना बनाई और सभी रानियों को एक-एक करके बुलाया।

राजा ने अपनी चौथी पत्नी से शुरुआत की, क्योंकि वह उसे सबसे प्रिय थी। राजा ने उससे पूछा, "मेरे पास अब केवल तीन दिन बाक़ी हैं। मैं तुम्हें एक अवसर देना चाहता हूँ। बहुत पहले मुझे एक साधू ने एक शक्तिशाली यंत्र दिया था, जिससे मुझे स्वर्ग की प्राप्ति होगी, लेकिन इसके लिए हमें एक साथ जाना होगा। हम दोनों को स्वर्ग में प्रवेश करने से पहले दर्दनाक यंत्रणा सहन करनी होगी और सात साल नर्क में बिताने होंगे। चूँकि हम एक-दूसरे से बहुत प्रेम करते हैं, क्या तुम मेरे साथ चलोगी?"

चौथी पत्नी ने बिना कोई भावना व्यक्त किए उत्तर दिया, "महाराज, मैं आपसे बहुत प्रेम करती हूँ, लेकिन मुझे अपनी ज़िन्दगी बहुत प्यारी है। मुझे यहाँ रहना ज़्यादा अच्छा लगेगा।"

राजा को बहुत दुःख हुआ, लेकिन उसने हार नहीं मानी और अपनी तीसरी पत्नी को बुलाया। उसने भी वही सवाल पूछा। तीसरी पत्नी ने कहा, "मुझे आप पर गर्व है और मैं आपको सिद्ध करूँगी कि मैं आपसे सबसे अधिक प्रेम करती हूँ, लेकिन मैं आपके साथ नहीं जा सकती। मैं अपनी ज़िन्दगी को छोड़ नहीं सकती।"

राजा को अब तक बहुत निराशा हो चुकी थी, लेकिन फिर उसने अपनी दूसरी पत्नी से पूछा, जो हमेशा उसके साथ खड़ी रहती थी। उसने कहा, "महाराज, मैं आपके साथ मरने का विचार करती, लेकिन मैं आपकी मदद नहीं कर सकती। मैं आपको अलविदा कहने तक आपके साथ रहूँगी।"

अब राजा की पहली पत्नी की बारी आयी। वह हमेशा से सबसे कम ध्यान दी जाती थी, क्योंकि वह सबसे उम्रदराज़ और चुपचाप रहने वाली थी। राजा ने उसे भी वही सवाल पूछा। पहली पत्नी ने कहा, "महाराज, मैं आपके साथ हमेशा रहूँगी। चाहे यह जीवन हो या मृत्यु, मैं हमेशा आपके साथ चलूँगी।"

राजा ने देखा कि उसकी पहली पत्नी ही एकमात्र ऐसी थी, जो बिना किसी शर्त के उसके साथ थी। उसे अपनी ग़लती का एहसास हुआ कि उसने हमेशा अपनी पहली पत्नी को नज़रअंदाज़ किया, जबकि वही थी जो हमेशा उसके साथ रहती।

राजा ने पहली पत्नी से माफ़ी माँगी और महसूस किया कि सबसे क़ीमती चीज़ जो उसने अपने जीवन में छोड़ी थी, वह उसका चरित्र और संस्कार था। यह कहानी राजा और उसकी चार पत्नियों की नहीं है, ये कहानी आपकी और हमारी है जीवन में सबकी चार पत्नियाँ होती हैं।

चौथी पत्नी है, हमारा शरीर और हम इसे खूब सजाते हैं, गहने पहनाते हैं, अच्छे कपड़े पहनाते हैं पर आख़िर में ये हमारा साथ छोड़ देती है।

हमारी तीसरी पत्नी होती है धन-संपत्ति। हम जीवन का बहुत सारा समय, घर को साज़ो-सामान से भरने में लगा देते हैं। वो भी हमारे साथ नहीं चल सकती।

दूसरी पत्नी है हमारा परिवार और दोस्त। वो हमारा हर सुख दुःख में साथ देते हैं, लेकिन ज़्यादा से ज़्यादा, वो हमारे आख़िरी समय में हमे अलविदा कहने आ सकते हैं, पर साथ में नहीं चल सकते।

पहली पत्नी होती है हमारी आत्मा। जब हम आये थे आत्मा ही आयी थी और जाएंगे तो यही साथ जाएगी। जिस पर हम ज़्यादा ध्यान नहीं देते। पर ये ही वो पत्नी है जो मरने के बाद भी हमारा साथ नहीं छोड़ती, सदा साथ जुड़ी रहती है।

दुनिया में अधिकतर लोग इस कहानी के राजा की तरह ही जीवन जीते हैं। ऊपर लिखे क्रमानुसार ही अपनी पत्नियों से प्रेम करते हैं। हालाँकि यह जीवन का आधार भी हैं और आवश्यक भी है कि साज़ो-सामान के साथ आरामदायक जीवन जियें। **परिवार और दोस्तों को, प्यार से सँजो कर रखें।**

अपने शरीर का ध्यान रखें, इसे स्वस्थ रखें। लेकिन जीवन का असल उद्देश्य यह है कि हम अपनी आध्यात्मिक उन्नति पर भी ध्यान दें।

आध्यात्मिक उन्नति का अर्थ है आत्मा, मन, और जीवन के उच्च उद्देश्य की गहराई को समझना और अपने भीतर एक शांति और संतुलन को विकसित करना। यह आत्मा के विकास, मन की शुद्धता और जीवन के अर्थ को समझने की एक प्रक्रिया है।

आध्यात्मिक उन्नति एक सतत प्रक्रिया है, जिसमें व्यक्ति अपने भीतर छुपे सच्चे स्वरूप को पहचानता है और उसे पूरी तरह प्रकट करता है। यह जीवन के असली अर्थ को समझने, अपने भीतर शांति और प्रेम विकसित करने, और दूसरों के लिए प्रेरणा बनने की यात्रा है।

आध्यात्मिक उन्नति ही जीवन का सर्वोच्च उद्देश्य है। उम्मीद है आप प्रतिदिन कुछ समय ग्रंथों के पठन चिंतन में लगायेंगे। तत्वस्थित महापुरुषों की शरण में जाकर अध्यात्म को और क़रीब से महसूस कर पायेंगे।

20

ध्यान

जीवन में प्रार्थना और ध्यान दोनों आवश्यक हैं
क्योंकि प्रार्थना में ईश्वर हमारी सुनते हैं
और ध्यान में हम ईश्वर की बात सुनते हैं

बचपन में मम्मी-पापा अक़्सर मुझे हर काम के पहले एक शब्द कहते थे, वो शब्द था- ध्यान। कहते थे कि बेटा अभी नाश्ता कर रहे हो तो ध्यान से करो, पढ़ाई कर रहे हो तो ध्यान से करो। हालाँकि उस छोटी उम्र में मैं बार-बार एक ही शब्द से चिढ़ जाता था। फिर एक दिन मुझे पापा ने उस एक शब्द का अर्थ बताया। उन्होंने मुझे समझाते हुए कहा कि "देखो बेटा मैं और तुम्हारी मम्मी अक्सर तुम्हें ध्यान से काम करने की बात कहते हैं यह तुम्हारे लिए बहुत ज़रूरी है। क्योंकि जब तुम हर काम को ध्यान से करोगे तो वह बहुत अच्छे से पूरा होगा। कई बार हमें बाद में उस शब्द के मायने समझ में आते हैं। लेकिन याद रखना कि कोई अपना ही होता है जो आपको ध्यान से काम करने की सलाह देता है। जब तुम ध्यान से खाना खाओगे तो तुम्हारी हेल्थ बेहतर रहेगी, जब तुम ध्यान से पढ़ाई करोगे तो कम समय में ज़्यादा ज्ञान हासिल कर लोगे, जब तुम ध्यान से साइकल चलाओगे तो तुम गिरोगे नहीं। ये ध्यान ही है जो तुम्हारे हर काम को बेहतर करता है। कई लोग आपने देखे होंगे जो भोजन करते समय भी मोबाइल चला रहे होते हैं या टीवी देख रहे होते हैं। वो न भोजन ठीक से कर पाते हैं और न कुछ ढंग से देख पाते हैं, क्यूँकि उनका ध्यान किसी एक चीज़ पर नहीं होता और हो सकता है कि आप स्वयं भी ऐसा ही करते हों।

ध्यान एक मानसिक प्रक्रिया है, जिसमें व्यक्ति अपने मन को एकाग्र करता है और बाहरी दुनिया से दूर होकर अपनी चेतना को जागरूकता की एक विशेष अवस्था में ले जाता है। इसे मन और आत्मा को शांति, संतुलन और सुकून देने का माध्यम माना जाता है। ध्यान का शाब्दिक अर्थ होता है "धारण करना" या "मन को स्थिर करना।" यह योग और आध्यात्मिक प्रथाओं का महत्त्वपूर्ण अंग माना गया है।

ध्यान का सरल अर्थ

ध्यान वह स्थिति है, जब आपका मन वर्तमान क्षण में स्थिर रहे न तो बीते हुए कल की चिंताओं में भटके और न आने वाले कल की योजनाओं में उलझे। यह आत्मा को चेतना के उच्च स्तर पर ले जाने की प्रक्रिया है। हम अपने घर की सीढ़ियों पर रात के अंधेरे में भी बिना देखे चढ़ते-उतरते हैं, ये हमारी सहजता है और वहीं दिन के उजाले में भी सुई में धागा डालना मुश्किल होता है उसके लिए जिसकी ज़रूरत होती है वो ध्यान है। लेकिन ध्यान जीवन का इतना अहम हिस्सा बन जाए कि हम सहज ध्यान लगा सकें या ध्यानपूर्वक हर काम सहजता से कर सकें तो कहना ही क्या।

ध्यान के सब अपने-अपने अर्थ बताते हैं लेकिन मेरा मानना है कि **ध्यान का अर्थ है इतना खो जाना कि ये भी ध्यान न रहे कि ध्यान लगाना था।** जैसे नवजात शिशु को जब पहली बार घर वाले देखते हैं तो इतने मग्न हो जाते हैं कि बस निहारते चले जाते हैं, जब प्रभु भक्ति में मन इतना रम जाता है कि हम बस प्रभु प्रतिमा निहारते चले जाते हैं।

हमारे पड़ोस में एक मंदिर में मेरा हर शाम जाना होता था, संध्या आरती में अच्छी ख़ासी भीड़ जुट जाती थी। एक शाम मैं पंडित जी के पास बैठा आध्यात्मिक चर्चा कर ही रहा था कि एक आँटी जी आयीं और पंडित जी से शिकायत करने लगीं कि यहाँ मंदिर में कोई भी प्रभु भक्ति के लिए तो आता ही नहीं सब यहाँ आकर अपने-अपने दोस्तों के साथ गॉसिप में लगे रहते हैं, कोई फोटो क्लिक करने में लगा है और कोई वीडियो बनाने में।

पंडित जी ने कहा आप क्या कहना चाहती हैं? आँटी जी ने कहा बस यही कि सब ड्रामा कर रहे हैं, भक्ति से कोई मतलब नहीं। पंडित जी ने कहा एक छोटा-सा उपाय बतायें अगर आप बुरा न मानें तो, पंडित जी ने कहा कल जब आप आयें तो घर से एक छोटे ग्लास में पानी लेकर आइएगा लेकिन ग्लास पूरा भरा होना चाहिए और ध्यान रखना एक बूँद भी छलकने न पाये। आँटी जी ने कहा जो आज्ञा पंडित जी।

अगले दिन संध्या आरती के समय वो आँटी जी मंदिर में आयी ही थीं कि पंडित जी ने कहा पाँच परिक्रमा जल के साथ करके आइए फिर बात करते हैं। जब वो पाँच परिक्रमा पूरी करके आयीं तो पंडित जी ने कहा क्या आपने आज किसी को वीडियो बनाते, फोटो खींचते, बातें करते देखा?

आँटी जी ने कहा नहीं पंडित जी कैसे देखती मेरा ध्यान तो ग्लास में था कि पानी की एक बूँद भी छलक न जाए। पंडित जी ने कहा बस यही समझाना था कि अपना ध्यान प्रभु में लगा दीजिये फिर किसने क्या कहा, किसने क्या किया सब मिट जाएगा। सिर्फ़ भक्त और भगवान रह जाएंगे।

ये क़िस्सा मैं ख़ुद को बार-बार याद दिलाता रहता हूँ कि जीवन में इतने खो जाओ कि जो कार्य कर रहे हो बस वहाँ आप रहो और वो कार्य रहे बाक़ी सब ग़ायब हो जाए। ध्यान का मतलब ही है विचारों का अंत हो जाना, लेकिन विचार तो रहेंगे, अंत तो होने से रहे, ऐसे में विचारों का अंत कहने से बेहतर होगा ये कहना कि ध्यान का अर्थ है **एकमात्र उस विचार का रह जाना जिस क्रिया में आप हैं।** अलग-अलग दार्शनिकों ने इसी बात को अलग-अलग तरीकों से बताया है।

वॉकिंग मेडिटेशन, स्लीपिंग मेडिटेशन जैसी बहुत सारी बातें सुनने को मिलती हैं जो बताती हैं कि ध्यान से रहिए और ध्यान में रखिए कि हर उस क्षण को जी लेना ही ध्यान है जो आपको मिला है। हमारी क्लास में एक लड़का था जिसे हफ़्ते में तीन से चार बार मैथ्स वाले टीचर चॉक फेंक कर क्लास में वापस लाते थे कि पढ़ लो ध्यान कहाँ है? और वो हमेशा कहता सर बस बाहर बैठी तितली को देख रहा था मुझे लगता शायद मज़ाक में कहता होगा। एक दिन मैंने उससे पूछ लिया कि तुम ये बदतमीज़ी क्यों करते हो कि तितली देख रहे हो ऐसा झूठ बोलते हो। उसने कहा भाई सच में मैं तितली ही देख रहा होता हूँ मैथ्स से ज़्यादा मुझे बायो में इंटरेस्ट है और आज हुआ भी यही, वो दोस्त देश के एक बड़े संस्थान में वैज्ञानिक है। उसकी कहानी भी तो यही याद दिलाती है कि उसका ध्यान जहाँ रहता था अंत में ध्यान उसने वहीं

लगाया और मंज़िल तक पहुँचा भी। जीवन भी एक तरह का ध्यान ही है हर श्वास के आने जाने को ध्यान से देखोगे तो पाओगे कि इससे बड़ा ध्यान कहीं और चल ही नहीं रहा है। हर श्वास अपने एक अंतराल के बाद वापस आ रही है और बिना किसी देरी के वापस जा रही है ये एक सतत ध्यान की प्रक्रिया है जो सबको सिखाती है कि ध्यान ही जीवन है। बस हम जीवन के बेसिक को भूल जाते हैं वरना सब कुछ तो हमारे साथ हमारे पास ही है। ये मस्तिष्क सपने दिखाता है और सपने पूरे करने की शक्ति भी देता है।

एक बात तो तय है कि हर काम को ध्यान से करके आप अपने बेहतर जीवन को बेहतरीन बना सकते हैं। लेकिन एक ध्यान और होता है, जिसे जीवन में लाकर पूरी ज़िंदगी को बेहतरीन बनाया जा सकता है। ध्यान यानी मेडिटेशन। सामान्य अर्थ में समझें तो **ध्यान एक मानसिक व्यायाम है**। ध्यान का उद्देश्य अक्सर हमारे नकारात्मक विचारों पर अंकुश लगाना भी होता है। यह भी कहा गया है कि सुखद जीवन जीने के लिए ध्यान करना बहुत ज़रूरी है। यदि आप चाहते हैं कि आप शारीरिक और मानसिक रूप से स्वस्थ रहें तो प्रतिदिन ध्यान करें।

अब सवाल उठता है कि ये मन जो इतना चंचल और शक्तिशाली है क्या उसको काबू में किया जा सकता है ? एक बार महर्षि वशिष्ठ जी से यही प्रश्न उनके एक शिष्य ने किया कि दुनिया का सबसे कठिन काम कौन सा है ? तब महर्षि वशिष्ठ जी ने उत्तर दिया संसार का सबसे कठिन कार्य है अपने मन को वश में करना। उन्होंने कहा कि अगर कोई व्यक्ति यह कहता है कि, मैंने सारे समुद्रों का जल पी लिया, तो मैं एक बार वह बात मान लूँगा। अगर कोई यह कहता है कि, मैंने इस सृष्टि की सारी वनस्पतियों को खा लिया तो यह भी मैं मान लूँगा। अगर कोई व्यक्ति यह कहता है कि मैंने पृथ्वी को अपने सिर पर उठा लिया, तो यह भी मैं मान लूँगा। लेकिन अगर कोई यह कहता है कि मैंने मन को संपूर्ण वश में कर लिया तो, यह मैं नहीं मान सकता। क्यूँकि ये कोई विरला ही कर पाता है, जो अनुशासित होता है।

किसी ने बड़े कमाल की बात कही है कि-

जीवन में प्रार्थना और ध्यान दोनों आवश्यक हैं
क्योंकि प्रार्थना में ईश्वर हमारी सुनते हैं और
ध्यान में हम ईश्वर की बात सुनते हैं।

ध्यान में मन लगेगा कैसे?

फ़रीदाबाद में परमहंस आश्रम में दशहरा पर्व पर सपरिवार मुझे गुरु भगवान परमहंस स्वामी श्री अड़गड़ानंद जी महाराज के दर्शन करने का सौभाग्य मिला था। उस दिन गुरु भगवान ने प्रवचन में एक कहानी सुनाई जो ध्यान को लेकर मेरे मन में उठे सवालों के जवाब दे चुकी थी। वो कहानी यहाँ आपके साथ साझा कर रहा हूँ। एक बार एक व्यापारी अपने काम के सिलसिले में दूसरे शहर पहुँचा, वहाँ अपना काम निपटाने के बाद शाम की ट्रेन की प्रतीक्षा में था, तब उसे किसी ने बताया कि अगर समय हो तो आप यहाँ मेला देखकर आ सकते हो। वो समय काटने के लिए मेले की ओर चला गया। मेले में उसने देखा कि एक आदमी के पास एक अनोखा डिब्बा था, व्यापारी ने जाकर बात की तो उसने बताया कि इसके अंदर एक जिन्न बंद है। साथ में कहा कि यह बड़ा चमत्कारी है आप इसको जो काम बोलेंगे यह काम करके आपको दे देगा लेकिन इसके साथ एक समस्या है एक बार यह डिब्बे में बंद चिराग़ से बाहर निकल आया तो वापस नहीं जाएगा और आपको लगातार इसे काम बताने होंगे वरना यह आपको ही खा जाएगा।

उस व्यापारी ने कहा कि इसमें कौन सी बड़ी बात है मेरे पास इतने सारे काम है कि मैं बताता जाऊँगा और यह करता ही रहेगा वह आदमी हँसा और बोला ठीक है फ़िर तो ले जाओ। उसके बदले मुझे 500 रुपए चाहिए, व्यापारी को सौदा बड़ा सस्ता लगा। 500 रुपए देकर वह व्यापारी अपने साथ उसे डिब्बे को लेकर घर आ गया। ट्रेन में रास्ते भर यही सोचता आया कि इससे सारे काम करवाऊँगा, वहाँ भेजूँगा, यहाँ भेजूँगा, सारे काम अब तो यही करेगा इतना व्यस्त रखूँगा कि ये कभी मुझे खा ही नहीं पायेगा।

ख़ुशी-ख़ुशी घर पहुँचा और बिना देरी के डिब्बा खोला जिसके अंदर एक चिराग़ था। उसने जैसे ही चिराग़ घिसा, जिन्न सामने आ गया।

व्यापारी ने बिना देरी के काम बताना शुरु किया, जिन्न पलक झपकते ही काम कर देता। 4 घंटे तक व्यापारी काम बताता रहा और जिन्न तुरंत सारे काम करता रहा। 4 घंटे के अंदर शहर के सारे काम निपट गये फिर व्यापारी ने दूर शहर का काम बताया, जिन्न 5 मिनट में काम पूरा कर के आ गया अब व्यापारी के सामने समस्या थी। वह सोचने लगा अब कौन सा काम बताऊँ तुरंत उसने बोला जाओ घर में झाड़ू लगाओ, जिन्न ने सेकंड में यह काम पूरा किया और वापस आ गया बताओ मालिक अब क्या करूँ ? व्यापारी ने अपने पड़ोसी के भी सारे काम करवा लिए। अब उस व्यापारी को डर सताने लगा कि अब तो जिन्न मुझे खा जाएगा। वह भागता हुआ अपने गुरु जी के आश्रम में गया और बोला गुरु जी एक मुसीबत आ गयी है, मैं करूँ तो क्या करूँ। व्यापारी ने पूरी कहानी सुना दी, गुरु जी बोले बस इतनी-सी बात, यह तो बहुत ही आसान काम है। चलो मेरे साथ गुरु जी उसके घर आये और उसे घर आते हुए रास्ते में उपाय बताया। उस व्यक्ति ने जिन्न से कहा दुनिया का सबसे लंबा बाँस लेकर आओ। जिन्न तुरंत बाँस ले आया, व्यापारी ने अगला आदेश दिया उसे आँगन में गाड़ दो। जिन्न ने ठीक वही किया, अगला आदेश व्यापारी ने दिया कि अब इस बाँस पर चढ़ो और उतरो जब तक मैं अगला काम नहीं बता दूँ तुम्हें बस यही करना है।

जब व्यापारी जिन्न को इस काम पर लगा चुका, तब उसके गुरु जी ने कहा मेरे शिष्य, जीवन में ध्यान लगाने के लिए भी तुम्हें यही करना है। ये जिन्न तुम्हारा मन है जो दिन भर काम पर लगा रहता है कुछ न कुछ उल्टा सीधा सोचता रहता है। तुम इसे बस ऐसे ही काम पर लगा दो ताकि ये कोई ऐसे विचार न सोचे जिनसे तुम्हारा अहित हो। तुम्हें अपने मन को ऐसे ही श्वास रूपी बाँस पर चढ़ाना है और उतारना है। जो ध्यान से ही संभव हो पायेगा। गुरु भगवान ने भी प्रवचन में उस दिन यही कहा कि ध्यान करना बड़ा आसान है, जब श्वास आये तो नाम जपो जाए तो नाम जपो। तुम्हारी पसंद का कोई

भी छोटा नाम ॐ, राम, शिव दो ढाई अक्षर का नाम जपो। ध्यान का प्रारंभ यहीं से होगा। मेरा यही कहना है कि आप घर पर ही ध्यान का प्रारंभ करें और अधिक जानकारी के लिए किसी स्वरुपस्थ महापुरुष की शरण में जाएं, जो आपको इस पथ पर चला देंगे।

ध्यान की आदत, अच्छी आदत

ये किताब पढ़कर या किसी का प्रवचन सुनकर या किसी और की बातों से प्रेरित होकर आप ध्यान प्रक्रिया की शुरुआत तो कर देंगे लेकिन चार दिन या आठ दिन बाद फ़िर से पहले वाली स्थिति में ही आ जाएंगे। मेरा यह मानना है कि भले ही **रोज़ाना 10 मिनट ध्यान लगायें लेकिन निरंतरता बनाये रखें।** यक़ीन मानिए एक बार यदि आपने ध्यान को अपनी दिनचर्या का हिस्सा बना लिया तो फिर आपको इसमें आनंद भी आने लग जाएगा। जब ध्यान की आदत बन जाएगी तो आप जीवन में आने वाली समस्याओं का सामना सकारात्मकता के साथ करेंगे।

ध्यान कहें या मेडिटेशन, ध्यान सभी के जीवन में एक महत्त्वपूर्ण स्थान रखता है। स्वयं तक पहुँचने का एकमात्र रास्ता है ध्यान। इस रास्ते से पहले स्वयं को फिर दुनिया को हासिल किया जा सकता है। ध्यान से ही शांति और प्रसन्नता मिलती है। ध्यान से ही ज़िंदगी एक तोहफ़ा लगती है और ध्यान से ही एक-एक पल समय के अर्थ को समझा जा सकता है। सच कहूँ तो जीवन की सार्थकता को प्राप्त करना है तो ध्यान एक उत्तम मार्ग है।

कई बार कुछ लोग कहते हैं कि मेडिटेशन बुज़ुर्गों के लिए ही सबसे बेहतर है लेकिन मेरा मानना है कि मेडिटेशन बचपन या युवा उम्र से ही शुरू कर दिया जाना चाहिए। क्यों हम कुछ बेहतर करने के लिए उम्र के ढलने का इंतज़ार करें? सही तो यही है कि आज से मेडिटेशन को अपनी ज़िंदगी का महत्त्वपूर्ण हिस्सा बनायें ताकि आने वाली ज़िंदगी को ज़िंदादिली से जिया जा सकें।

प्रसन्नता का रास्ता है 'ध्यान'

हमारा देश प्रारंभ से ही ऋषि मुनियों की तपोस्थली रहा है। उन्होंने अपने मार्गदर्शन से ही देश का अस्तित्व बचाए रखा है। चाहे किसी भी पंथ के महापुरुष हों, सभी का महत्त्व और मार्गदर्शन हमारे देश की जीवनशैली में दिखाई देता है। महापुरुषों ने ध्यान को महत्त्व ही इसलिए दिया है क्योंकि **ध्यान ही वह मार्ग है जिस पर चलकर हम स्वयं के अस्तित्व की पहचान कर सकते हैं।** स्वयं को जानना यानी ख़ुशहाली तक पहुँचना। अपने जीवन में मैंने यह तो आभास किया है कि जो लोग ध्यान करते हैं वे आमतौर पर उन लोगों की तुलना में अधिक ख़ुशहाल जीवन जीते हैं जो ध्यान नहीं करते हैं। सही मायने में ध्यान रचनात्मक विचारों और सकारात्मक भावनाओं के प्रवाह को बढ़ाने के लिए जाना जाता है। नियमित रूप से ध्यान करने में बिताये गये कुछ मिनट भी बड़ा अंतर ला सकते हैं। कई अध्ययन बताते हैं कि ध्यान ने न सिर्फ़ लोगों को ख़ुशहाल जीवन दिया बल्कि उन्हें हर पल कुछ बेहतरीन करने के लिए प्रेरित किया है। इसके अलावा **कई तरह के शोध में भी देखा गया है कि ध्यान का अभ्यास आपको ताउम्र जवाँ रखता है।** ऐसा इसलिए होता है कि क्योंकि ध्यान करने से तनाव और बेकार की चिंताएँ दूर हो जाती है।

आज के समय में शायद आप या आपसे जुड़े अधिकतर लोग स्मार्टफ़ोन या अन्य गैजेट्स से बंधे हुए अपना जीवन जी रहे हैं। और इन सभी तंत्रों ने ध्यान भटकाने का काम किया है। हालाँकि स्मार्टफ़ोन या अन्य गैजेट्स हमारे उपयोग के लिए बने हैं लेकिन अब ऐसा लगता है कि ये हमारा उपयोग करने लगे हैं। इसीलिए जीवन में ध्यान का स्थान बहुत ज़रूरी हो जाता है। ध्यान इस बात पर लगाना है कि इन सभी तंत्रों का उपयोग कैसे किया जाए। कहीं ऐसा न हो कि सुबह से शाम तक आप मोबाइल के नियंत्रण में रहें और पूरे दिन में ध्यान का ध्यान ही न आये।

ध्यान की 5 राहतें

1 तनाव से राहत

देश और दुनिया की लगभग आधी आबादी तनाव की समस्या से जूझ रही है। बच्चे से लेकर बड़ों में यह समस्या आम हो गयी है। जितना जल्दी हो सके इस गंभीर समस्या के निदान के बारे में सोचना चाहिए। कई अध्ययनों में कहा गया है कि ध्यान करने से तनाव से मुक्ति मिल सकती है। इसलिए आज से ही ध्यान की अच्छी आदत पर आपको ध्यान देने की आवश्यकता है। ध्यान से मानसिक शांति मिलेगी और तनाव को कम करने में मदद मिलेगी। यह आपके मन को शांति देगा और आपको अधिक स्थिर और सकारात्मक बनायेगा।

2 भटकाव से राहत

ध्यान करने से आपका फ़ोकस बेहतर हो जाता है। अक्सर यह होता है कि हम या तो बीते हुए समय को लेकर चिंतित होते हैं, या तो आने वाले समय को लेकर परेशान। यह ध्यान ही है जो आपको वर्तमान में जीने में मदद करता है। आप जैसे ही ध्यान का अभ्यास करना शुरू करेंगे, वैसे ही आपका फ़ोकस बेहतर होना शुरू हो जाता है। ध्यान से आपका दिमाग़ शांत होता है, जिससे आप हर एक काम को बेहतर तरीके से करने लगते हैं। **नियमित ध्यान करने से एकाग्रता बढ़ने लगेगी और आपकी स्मरण शक्ति में सुधार होगा।** यह मस्तिष्क के कार्यों को बेहतर बनाता है।

3 अनिद्रा की समस्या से राहत

नींद नहीं आना या अच्छी तरह से नींद नहीं आना आज भी कई लोगों के जीवन की एक बड़ी समस्या बनी हुई है। ध्यान करने की प्रक्रिया से आप अच्छी नींद भी पा सकते हैं। जब आपको नियमित रूप से अपने समय पर नींद आने लग जाएगी तो आपका अगला दिन और भी बेहतर

होने लग जाएगा। इसलिए रोज़ाना ध्यान करें, अच्छी नींद लें और अपने दिन की शुरुआत करें।

4 बीमारियों से राहत

बीमारियाँ कभी भी और किसी को भी हो सकती है। लेकिन ध्यान और योग के रास्ते हैं जिन पर चलकर हम कई तरह की बीमारियों से राहत पा सकते हैं। विशेषज्ञों के मुताबिक, **मन को शांत रखने के साथ चिंता, तनाव और अवसाद के लक्षणों को कम करने में ध्यान-योग को बेहद कारगर उपाय माना जाता है।** वहीं यह ब्लड प्रेशर और कई तरह की अन्य शारीरिक समस्याओं में भी लाभदायक हो सकता है। कई अध्ययनों ने भी यह बताया है कि ध्यान से रक्तचाप नियंत्रित रहता है, दिल की सेहत में सुधार होता है, और नींद की गुणवत्ता भी बढ़ती है। यह शरीर में ऊर्जा का संतुलन बनाये रखता है।

5 समस्या से राहत

ध्यान से मस्तिष्क में नये विचारों का प्रवाह बढ़ता है और रचनात्मकता को बढ़ावा मिलता है। आप नये तरीकों से अपनी समस्याओं के समाधान सोचने लगते हो। आपके मस्तिष्क में सोचने की बाध्यता ख़त्म होने लगती है, नये विचारों का वसंत आपका स्वागत करता है। जो एक नयी ऊर्जा का संचार करता है। जीवन में समस्याएँ तो आती रहेंगी, उनका स्तर बदलता रहेगा लेकिन आप ध्यान के माध्यम से उनका समय पर समाधान स्वयं खोज पायेंगे।

और सबसे अंत में यही कहूँगा कि ध्यान रखिए यह ध्यान आपका आध्यात्मिक विकास करेगा, जो आपको आत्मज्ञान और आँतरिक शांति की ओर ले जाएगा।

21

तोहफ़ा

मेरे प्रभु अब डूबने का
क्या डर जब नाव भी तेरी,
समंदर भी तेरा
और हम भी तेरे!

कोई गिफ़्ट मिले तो बड़ों को भी इस बात का उतना ही एक्साइटमेंट होता है जितना बच्चों को कि आख़िर इस पैक्ड गिफ़्ट बॉक्स के अंदर क्या है? कुछ लोग तो घर जाने से पहले रास्ते में ही गिफ़्ट बॉक्स को खोल कर देख लेते हैं कि अंदर क्या है ?

जब भी हमें कोई तोहफ़ा मिलता है हम उसे बहुत संभाल कर और सहेज कर रखते हैं और उसका हर संभव तरीक़े से उपयोग करने की कोशिश करते हैं। फिर चाहे वह एक छोटी-सी चीज़, पेन, रुमाल या वो गुलाब वाला फूल ही क्यूँ न हो, जो किताबों में रखा रह जाता है उसे हर कोई इतना सहेजता है कि सालों बाद भी डायरी खोलो तो उस लेटर के साथ गुलाब का फूल भी मिल जाता है। जब हम मिलने वाले छोटे-छोटे तोहफ़ों की इतनी क़द्र करते हैं, तो फिर हम हमारी ज़िंदगी के सबसे अहम तोहफ़े को क्यों भूल जाते हैं?

गिफ़्ट को लेकर आतुरता हमेशा रहती है लेकिन हम भूल जाते हैं कि एक गिफ़्ट यानी तोहफ़ा तो हम पैदा हुए तब से हमारे साथ है।

आपके लिए एक छोटा-सा सवाल ये है कि ज़िंदगी का सबसे ख़ूबसूरत तोहफ़ा क्या है?

मुझे लगता है कि यदि यह सवाल हम भिन्न-भिन्न लोगों से पूछें तो सभी का जवाब एक-सा नहीं होगा। धार्मिक व्यक्ति से यह सवाल पूछा जाए तो वे अपने ईश्वर के आशीर्वाद को ज़िंदगी का सबसे ख़ूबसूरत तोहफ़ा कहेंगे। प्रकृति प्रेमी से यह सवाल पूछा जाए तो वे नदी, पहाड़ जंगल को ख़ूबसूरत तोहफ़ा बतायेंगे। एक अच्छे कपल से यह सवाल पूछे तो वे अपने हमसफ़र को ज़िंदगी का सबसे ख़ूबसूरत तोहफ़ा बतायेंगे। सबका अपना जवाब होगा।

हमारी ज़िंदगी का सबसे अहम तोहफ़ा, हमारी ज़िंदगी ख़ुद है।

ज़िंदगी ऊपर वाले का दिया एक ऐसा तोहफ़ा है जिसके लिए हमें हर पल, हर घड़ी शुक्रगुज़ार होना चाहिए। यह एक ऐसा तोहफ़ा है जो हर पल हमें एक अवसर प्रदान करता है, अपने आपको विकसित करने का, अपने लोगों के लिए कुछ करने का, अपनी भावनाओं को अभिव्यक्त करने का और ख़ासकर इस तोहफ़े के मूल्य को और बढ़ाने का। यह हमें नाना-नानी की कहानियों से लेकर दादा-दादी की मुस्कान तक के अनगिनत किस्सों का साक्षात्कार कराता है। यह हमें एक छोटे बच्चे के रूप में अपना पहला शब्द बोलने से लेकर, अपने बच्चों को बड़े होते देखने की ख़ुशी का एहसास कराता है, यह हमें कई ख़ूबसूरत पलों से रूबरू करवाता है और जब हम इस तोहफ़े को ध्यान से खोलकर देखते हैं, तो हम पाते हैं कि यह सचमुच ही हमें हर पल में अनगिनत संभावनाओं का एहसास कराता है। लेकिन हम इस तोहफ़े को और इसकी अहमियत को अक्सर भूल जाते हैं।

ज़िंदगी नाम का यह तोहफ़ा हमें सिर्फ़ जीने का एक अवसर नहीं देता, बल्कि हर अच्छे और बुरे पल में सीखने का भी मौक़ा देता है। कई अच्छी बुरी यादें और कई सारे कीमती लोग देता है। यह तोहफ़ा हमें हमारे जीवन के सभी पहलुओं को मिलाकर, जीवन का अर्थ समझाता है। जीवन का यह अनमोल तोहफ़ा हमें हमारी क्षमताओं का पूरा इस्तेमाल करने, सपनों को हकीकत में बदलने और सकारात्मक परिवर्तन की दिशा में आगे बढ़ने का मौक़ा देता है। इसलिए हमें हमेशा सच्ची और सकारात्मक भावनाओं के साथ जीना चाहिए।

मेरे एक जानने वाले थे। उन्हें हमेशा से ही अपनी लाइफ़ से परेशानी रहती थी। वे अक्सर मुझे अपने दुःख गिनवाते रहते थे। हालाँकि मैं उन्हें काफ़ी अच्छे से जानता था इसलिए ये भी जानता था कि उनकी ज़िंदगी में सबसे बड़ा दुःख उनका नकारात्मक नज़रिया है। अच्छी बात यह है कि उन्होंने समय रहते ज़िंदगी का महत्त्व समझा इसीलिए आज वे ख़ुश है और अपनी ज़िंदगी को हर पल बेहतरीन बना रहे हैं। आपके आस-पास भी ऐसे व्यक्ति

हो सकते हैं, जो भगवान के दिए हुए ख़ूबसूरत तोहफ़े यानी ज़िंदगी को लेकर बड़े उदासीन है, नकारात्मक है। अरे रुकिए, रुकिए... कहीं आप ही तो वह व्यक्ति नहीं है? यदि ऐसा है तो आज ही आप बैठकर स्वयं से बात करें। आपको ईश्वर के इस तोहफ़े की क़द्र करने की ज़रूरत है। ताकि आप आने वाले कल का स्वागत नये उत्साह से कर सकें और स्वयं के साथ ही अपनों की ज़िंदगी भी ज़िंदादिली से भर सकें।

एक बार एक राज्य के महाराज अपने एक मंत्री से इतने नाराज़ हुए कि उन्होंने ऐलान किया कि आज ही शाम 6 बजे मंत्री को फाँसी पर लटका दिया जाए। फाँसी की सजा दिए जाते समय मंत्री दरबार में उपस्थित नहीं था। महाराजा ने सैनिकों को आदेश दिया, "जाओ, जाकर मंत्री को बता कर आओ कि शाम को ठीक 6 बजे उसे फाँसी पर लटका दिया जाएगा।

महाराजा का आदेश सुनकर सैनिकों की एक टुकड़ी मंत्री के घर पहुँची। कुछ सैनिक घर के अंदर गये और अंदर जाकर देखा तो वहाँ जश्न का माहौल था, उस दिन मंत्री का जन्मदिन था। उसके घर पर रिश्तेदारों और दोस्तों की चहल-पहल थी, संगीत बज रहा था, नाच-गाना चल रहा था, पूरे घर में पकवानों की ख़ुशबू फ़ैल रही थी, कुल मिलाकर वहाँ जश्न का माहौल था।

पहले तो सैनिकों को समझ नहीं आया कि ऐसे ख़ुशनुमा माहौल में फाँसी की सज़ा के बारे में कैसे बतायें लेकिन फिर भी उन्होंने आख़िरकार बता ही दिया और ये भी बताया कि फाँसी आज शाम ही 6 बजे दी जाएगी। यह एलान सुनकर वहाँ मौजूद हर शख़्स हैरान रह गया। फ़ौरन संगीत, नाच-गाना बंद कर दिया गया, रिश्तेदार, दोस्त और परिवार वाले उदास हो गये।

तभी वहाँ छाई ख़ामोशी में मंत्री की आवाज़ गूंजी, "ऊपर वाले का लाख-लाख शुक्रिया कि उसने फाँसी के लिए शाम 6 बजे तक का वक़्त दे दिया। तब तक हम सब जश्न मना सकते हैं। मेरे आख़िरी जन्मदिन को यादगार बना सकते हैं।

मंत्री की बात सुनकर दोस्तों, रिश्तेदारों और परिवार वालों ने कहा, कैसी बात कर रहे हो? फाँसी की सजा सुनाई गयी है तुम्हें और तुम जश्न मनाना चाहते हो? मंत्री ने किसी तरह सबको समझाया और जश्न फिर से शुरू करवाया। दोस्त उदास थे। लेकिन मंत्री की ख़ुशी के लिए जश्न में शामिल हो गये।

यह ख़बर सैनिकों ने जब महाराजा तक पहुँचाई और महाराजा ख़ुद पूरा माज़रा जानने वज़ीर के घर पहुँच गये। वहाँ पहुँचकर जब उन्होंने सबको जश्न मनाते हुए देखा, तो वो भी दंग रह गये उन्होंने मंत्री से कहा कि "तुम्हें फाँसी की सज़ा का सुनकर धक्का तो नहीं लगा, पागल तो नहीं हो गये ? शाम 6 बजे तुम्हें फाँसी पर लटका दिया जाएगा और तुम जश्न मना रहे हो।

मंत्री बड़े ही आदर से बोला, "महाराजा, आपका बहुत-बहुत शुक्रिया कि आपने फाँसी का वक़्त शाम 6 बजे तय किया। इस तरह मुझे शाम 6 बजे तक का समय तो मिल सका, यदि आप मुझे ये वक़्त न देते, तो मैं अपने परिवार, दोस्तों और रिश्तेदारों के साथ जश्न कैसे मना पाता? फाँसी पर लटकने के पहले मेरे पास शाम तक का वक़्त है। ये मैं क्यों ज़ाया करूँ? मेरे पास जितना भी वक़्त है, उसे मैं ख़ुशी-ख़ुशी गुज़ारना चाहता हूँ।"

ये बात सुनकर महाराजा ने मंत्री को गले लगा लिया और कहा, "जिस इंसान को समय की क़द्र है, जो जीवन का हर पल ख़ुशी-ख़ुशी गुजारना चाहता है। उसे मौत कैसे दूँ? उसे जीने का पूरा हक है। तुम्हारी बातों ने हमारा दिल ख़ुश कर दिया, तुम्हारी फाँसी की सजा माफ़ की जाती है। **जीवन का हर पल खुलकर जीना ही जीवन के तोहफ़े को स्वीकारना है, उसका पूरा लुत्फ़ लेना है।**

किसी ने बड़े कमाल की बात कही है कि-

ज़िंदगी छोटी नहीं होती, लोग जीना ही देरी से
शुरू करते हैं। जब तक रास्ते समझ में आते हैं
तब तक लौटने का वक़्त हो जाता है।

माना कि ज़िंदगी में कई बार हमारे सामने ऐसी परिस्थितियाँ आती हैं जब हम बहुत नकारात्मक सोचने लगते हैं। हम सोचने लगते हैं कि हमारे पास कुछ भी नहीं है या हम अपने जीवन में कुछ भी हासिल नहीं कर पा रहे हैं, लेकिन हमारे दिमाग़ में चल रही उस नकारात्मकता के बीच हम अक्सर भूल जाते हैं कि हमारे पास यह जीवन है, ज़िंदगी है जो शायद हमें लाखों - करोड़ों जतन करने के बाद मिली है। हम भूल जाते हैं कि हम इंसान वो सब कुछ कर सकते हैं जो इस धरती पर मौजूद कोई और प्राणी नहीं कर सकता है। हम बोल सकते हैं, हम अपने भाव व्यक्त कर सकते हैं, हम अपने चाहने वालों से अपने प्यार का इजहार कर सकते हैं, हम ख़ुद अपने लिए भोजन जुटा सकते हैं और साथ ही ऐसी कई अन्य चीज़ें कर सकते हैं जो करने के लिए केवल हम सक्षम है।

ये ज़िंदगी वाला तोहफ़ा सिर्फ़ ख़ुशियाँ ही नहीं लाता कभी-कभी ग़म भी लाता है चुनौती भी लाता है।

जीवन हमें सकारात्मक और नकारात्मक दोनों तरह की परिस्थितियाँ प्रदान करता है। लेकिन वास्तव में महत्त्वपूर्ण यह है कि हम उन परिस्थितियों में कैसे प्रतिक्रिया देते हैं? अगर हम ज़िंदगी की सकारात्मक परिस्थितियों पर ध्यान देते हैं तो यह हमें विकास की ओर ले जाती है। हम ज़िंदगी में बहुत कुछ हासिल करने ओर भगवान के दिए इस तोहफ़े का सदुपयोग करने और इसे बेहतर बनाने की ओर अपना ध्यान केन्द्रित करते हैं। वहीं अगर हम नकारात्मक परिस्थितियों पर अपना ध्यान देते हैं तो हमें यह ज़िंदगी व्यर्थ लगने लगती हैं, हम सोचने लगते हैं कि हमारे पास जीवन में करने को कुछ नहीं है और यह अनमोल जीवन यही सोचने में बर्बाद कर देते हैं।

जब गिफ़्ट की बात आती है न तो मुझे मेरे बचपन का दोस्त मनीष याद आता है जो कभी गिफ़्ट मिलने पर ख़ुश ही नहीं हुआ, वो हमेशा गिफ़्ट की कमियाँ ही निकालता था। ये बात क्लास के हर बच्चे को पता चल गयी थी, इसलिए जब उसने अपने बर्थडे पर पार्टी दी और सबको बुलाया तो कोई

भी उसके लिए गिफ़्ट लेकर नहीं गया। वो पार्टी ख़त्म होने के बाद इंतज़ार करता रहा लेकिन उसे कोई गिफ़्ट नहीं मिला। उसने किसी को ये तो नहीं कहा कि कोई गिफ़्ट क्यों नहीं लाया लेकिन उसका चेहरा उदास हो गया। हमारे क्लास टीचर भी उस बर्थडे पार्टी का हिस्सा थे और उनसे रहा नही गया उनका अपना स्टूडेंट अपने जन्मदिन पर उदास हो ऐसा वो बिल्कुल भी नहीं चाहते थे। इसलिए उन्होंने बता दिया कि तुम हर गिफ़्ट में कमी निकालते हो इसलिए आज कोई भी तुम्हारे लिए गिफ़्ट नहीं लाया।

मनीष की आँखों में आँसू आने ही वाले थे कि मैंने मनीष के सामने पूरी क्लास की ओर से लाया हुआ गिफ़्ट ला दिया। एक शानदार साइकिल। हम सब मिलकर लाये थे। मनीष अक्सर क्लास में अपनी पसंद की साइकिल की बात करता था हम सबने मिलकर उसे उसकी पसंद गिफ़्ट कर दी। मनीष ने उस दिन हम सबसे सॉरी बोला कि दोस्तों मैं भूल में तुम्हारे तोहफ़ों में कमी निकालता रहा लेकिन जब आज शुरू में कोई गिफ़्ट ही नहीं मिला तब मुझे गिफ़्ट की वैल्यू समझ आयी। तुम सबका दिल से थैंक यू मेरी पसंद की साइकिल मुझे गिफ़्ट करने के लिए।

मनीष की बात इसलिए याद आयी क्योंकि **हममें से काफ़ी लोग अपनी लाइफ़ के गिफ़्ट में कमियाँ ही निकाल रहे हैं, हमें हमेशा दूसरे का तोहफ़ा ज़्यादा पसंद आ रहा है**। वो दादी कहती है न दूसरे की थाली में घी ज़्यादा नज़र आ रहा है। लेकिन बस ये सोचना कि अगर ये गिफ़्ट ऊपर वाले ने वापस ले लिया तो क्या होगा, इस गिफ़्ट का पूरा लुत्फ़ लो, हर पल में जीना शुरू करो।

ईश्वर के ख़ूबसूरत तोहफ़े के रूप में एक ही ज़िंदगी मिली है, उसे छोटी-छोटी समस्याओं के पीछे व्यर्थ क्यों गवाना है। ख़ुश रहिए, अपनी मुश्किलों को जड़ से ख़त्म करने का उपाय ढूँढिए और अपने इस कीमती तोहफ़े को सहेज कर रखिए। जिस तरह से आप जीवन में मिलने वाले अन्य तोहफ़ों की क़द्र करते हैं, उन्हें कुछ ख़राबी आने पर उसे फेंकने या छोड़ने

की बात सोचने की बजाय उसे ठीक करने के लिए जतन करते हैं, बस वही नज़रिया अपनी ज़िंदगी के प्रति भी रखिए क्योंकि आख़िरकार, ज़िंदगी ही तो आपकी ज़िंदगी का सबसे अनमोल तोहफ़ा है।

ये आख़िरी चैप्टर था इस छोटी-सी किताब का लेकिन यही पहला चैप्टर मानकर जीवन जीना शुरू कीजिए हर पल को अपना बनाना शुरू कीजिए। ज़िंदगी में लम्हे नहीं बल्कि हर लम्हे में ज़िंदगी जीना शुरू कीजिए। **ये ज़िंदगी तो एक तोहफ़ा है ही ये प्रकृति भी ऊपर वाले का हमारे लिए एक तोहफ़ा ही है।** बारिश के बाद दिखने वाला वो सुंदर इंद्रधनुष, वो कहीं दूर पहाड़ों के पीछे डूबता सूरज या वो सुबह-सुबह समंदर के अंदर से बाहर आने वाला सूरज। वो नदी किनारे पानी की कलकल का संगीत, या पहली बारिश के बाद आने वाली मिट्टी की सौंधी ख़ुशबू ऊपर वाले ने इतने सारे तोहफ़े दिए हैं हम बस उन्हें स्वीकारना भूल जाते हैं।

बस याद रखना ज़िंदगी साइकिल की तरह है जो तभी तक चलती है, जब तक संतुलन बना हुआ है, उम्मीद है ये 21 चैप्टर आपने जीवन को बेहतरीन बनाने में मदद करेंगे और आपको प्रेरणा देंगे कि आप कर दिखायें कुछ ऐसा कि दुनिया करना चाहेगी आपके जैसा।